공부를 대하는 태도가
인생을 바꾼다

자신의 한계를 넘어 목표를 이루는 7가지 기술

공부를 대하는 태도가 인생을 바꾼다

박동호 지음

알에이치코리아

지금 이 순간을 이겨내지 못하면
거기까지가 당신의 한계다

"피부과 의사, 스타트업 창업, 유튜브 운영 등 정말 다양한 활동을 하고 계시는데요. 하나만 해도 바쁠텐데 어디서 그런 원동력이 나오나요?"

사람들이 내게 자주 묻는 질문이다. 나는 강남의 한 유명 피부과에서 의사로 일하면서 헬스케어 분야 스타트업을 창업했고, 구독자 14만 명 규모의 유튜브 채널을 운영하고 있다. 가끔 광고나 마케팅 업무를 하기도 하며, 꾸준히 책까지 집필한다. '프로 열정러', '프로 N잡러'이다보니 매일 바쁘게, 하루 24시간을 10분 단위로 쪼개서, 최대한 알차게, 주말이나 공휴일에도 늘 새벽까지 일한다.

유튜브 구독자를 포함한 주변 사람들은 늘 나에게 어떻게 그렇게까지 살 수 있냐고 물어본다. 그러면 나는 다음과 같이 말한다.

"지금 이 순간을 이겨내지 못하면
거기까지가 내 한계다."

　예를 들어, 공부든 어떠한 일이든 힘들고 어려운 일이 발생했을 때, 그것을 이겨내지 못하면 한계가 거기까지인 사람이고, 그 힘들고 어려운 일을 이겨낸다면 한계를 넘어설 수 있는 사람이다. 물론 우리는 인간이기에 일정 한계치가 존재할 수밖에 없다. 나 또한 마찬가지였다. 처음부터 모든 걸 다 완수해내지는 못했다. 하지만 나는 그 한계를 넘어서서 나의 역량을 최대한으로 늘리고 나를 증명하고 싶었다. 그래서 역경이나 고난에 부딪힐 때마다 나의 한계를 시험하며 조금씩, 아주 조금씩이라도 역량을 늘려나갔다. 한계는 자기 스스로 정하는 나의 최대 역량이다. 즉, 누구나 한계를 넘어설 수 있다는 뜻이다.

　나의 그릇을 키워놓는다면 최소한 내가 나중에 어떤 일을 하든지 잘할 수 있을 거라는 자신감이 생기리라 확신했다. 그렇게 지금의 내가 있게 되었고, 나는 지금도 나의 한계에 부딪히며 역량을 더 늘려가고 있다. 그래서 이제는 역경과 고난을 즐긴다. 힘듦을 느낀다는 것은 그만큼 내가 앞으로 나아가고 있다는 뜻이고, 내가 이것을 이겨내면 더 발전할 여지가 있다는 것을 의미하기 때문이다. 나는 지금의 힘듦보다는 미래의 성장 가능성에 주목한다.

　공부도 마찬가지다. 공부는 당연히 어렵다. 공부가 쉬운 사람은 없다. 하지만 공부는 인내의 시간임과 동시에 즐거움의 과정이다. 공부는 단순히 문제의 정답을 맞춰 좋은 성적을 거두는 것이 아닌, 하나씩 배워가며 지식을 쌓고 새로운 지식체계를 만들어가며 나를 성장시키는 과정이다.

어려운 수학 공식이 있을 때, 많은 사람이 이해하기를 포기하며 스스로 '수포자'가 된다. 하지만 일부 사람들은 어떻게든 그 수학 공식을 이해하려고 끝까지 노력하고 결국 알아낸다. 포기는 내가 하는 것이고, 한계도 내가 정하는 것이다. 이 한계만 넘어선다면 우리는 더 폭넓은 공부를 할 수 있고 더욱더 성장할 수 있다. 하지만 포기해버리면 한계를 넘지 못한 것이며 스스로 자신을 작은 그릇에 가둬버리는 것이다. 우리는 생각보다 능력을 가진 인간이다. 그 무한한 잠재성을 스스로 과소평가하면 안 된다.

한계를 넘어서는 공부 마인드는 주기적으로 꾸준히 주입해주어야 오래 지속될 수 있다. 하지만 이러한 마인드는 비단 입시 공부뿐만 아니라 인생에 닥칠 무수히 많은 공부에서도 유효하게 작용한다. 세상의 모든 일은 결국 공부로부터 시작하기 때문이다. 당신이 어떤 일을 하든지 한계를 넘어서고자 하는 공부 마인드를 가지고 있다면 무엇이든 해낼 수 있을 것이다. 또한 이런 마인드 세팅이 잘되어 있으면 결국 우리는 성공한 인생을 살 수 있다.

만약 아래에 해당하는 경우라면 이 책을 읽기를 권한다.

- 삶의 의욕이 떨어져 마인드셋이 필요한가?
- 기존의 나를 넘어서 더 높은 목표를 이루고 싶은가?
- 인생의 터닝 포인트가 필요한가?
- 한계에 부딪혀 포기하고 싶은가?
- 꿈과 목표를 잡기 위한 목적의식이 필요한가?
- 더 큰 성공을 원하는가?

《공부를 대하는 태도가 인생을 바꾼다》는 그동안의 내 공부 인생을 있는 그대로 담아낸 이야기다. 중고등 입시부터 시작하여 성인 이후의 새로운 도전까지 인생 경험을 통한 나의 통찰을 녹여냈다. 이 책을 읽고 나면 공부를 대하는 마인드셋이 달라지며, 나의 한계를 넘어서서 목표를 이루고자 하는 목적의식을 얻게 될 것이다. 인생의 터닝 포인트를 주고자 하는 목적으로 집필된 이 책이 꿈을 이루고 싶은 모든 사람에게 도움되기를 바란다.

박동호

목차

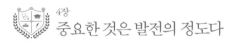

5장
마인드 컨트롤이 공부 성패를 좌우한다

6장
스스로 행동하고 스스로 동기부여하라

1장

모든 것은 나로부터
시작한다

사람은 하고 싶은 것을 해야 한다.
중요한 것은 무엇을 하고 싶은지 아는 것이다.
그리고 가장 중요한 것은 내가 어떤 사람인지
어떻게 살아가고 싶은지 스스로 깨닫는 것이다.
나를 아는 것이 인생을 살아가는 것의 시작이다.

당신이 공부하기로 마음먹은
그 결심은 어디에서 왔는가?

힘든 순간을 버텨내는 힘

우리는 왜 공부를 할까? 한 번이라도 이런 질문을 스스로 던져본 적이 있는가? 만약 있다면 그 사람은 꾸준히 공부하는 사람일 확률이 높다. 반대로, 공부해야 하는 이유에 대해 한 번도 생각해본 적이 없다면 남들보다 좌절을 많이 겪은 사람일 확률이 높다. 왜냐하면 공부해야 하는 이유를 스스로 아는 것이 곧 힘든 공부의 과정을 버틸 수 있는 원동력이 되기 때문이다.

사람마다 어떤 시험을 준비하거나 그 공부를 택한 이유에는 각자의 서사가 있다. 가난한 집안에서 태어난 사람은 판검사가 되어 집안을 일으켜 세우거나, 몸이 아픈 부모님이 있는 사람은 의사가 되어 좋은 환경에서 편히 보살피기 위함일 수도 있다. 하지만 공부의 이유는 항상 어떠한 환경적 결핍이나 힘든 상황에서만 오는 것은 아니다. 남들보다 더 잘나고 싶어서 공부할 수도 있고, 내 라이벌보다 높은 성적을 받아 이겨내고 싶은 경쟁심리로 공부할 수도 있다. 나의 자아 실현을 위해서 공부할 수도 있고, 자신이 특출나게 잘난 것이 없어 성공할 길이 공부밖에 없다고 생각해서 공부할 수도 있다. 어떤 이유든 공부의 이유가 될 수 있다.

하지만 이렇듯 이유가 다르지만 공통된 목표는 결국 하나로 귀결된다. 바로 성공이다. 사실 성공의 방법은 굉장히 다양한데 그중에서 우리는 공부를 택한 것이다. 공부를 택한 각자의 계기는 다르지만 어떤 이유든지 상관없다. 우리는 우리가 공부해야 할 이유를 찾고 그것을 스스로 원동력으로 만드는 것이 중요하다. 공부하다 지치는 순간이 오면 항상 생각하고 스스로 질문하라.

"나는 왜 공부를 해야 할까?"

공부의 이유에 대한 답을 알면 슬럼프가 와도 공부를 다시 시작할 힘을 얻을 수 있다. 인간이 하는 모든 행동에는 이유가 필요하고 이유가 있으면 무엇이든 마음먹고 해낼 수 있다. 우리가 무언가를 포기하는 대부분의 경우는 그것을 해야 할 이유를 스스로 모르기 때문이다. 공부는 누군가의 압력에 의해 끌려가면서 하는 것이 아니다. 공부를 잘하려면 내가 나를 이끌어 가야 한다. 그러니 지금 당장 자신에게 질문하라. 그리고 원동력을 내부에서 스스로 찾아라. 나의 확신은 그 어떤 의심보다도 강한 힘을 가지고 있다.

공부 잘하는 사람들이 가진 공통된 자질

공부는 혼자만의 싸움이라는 말이 있듯 누구도 내 공부를 책임져 줄 수 없다. 결국 나에 의해 합격의 여부가 결정된다. 시험이라는 좁은 관문에서 성공을 이뤄내는 공부 잘하는 사람들의 공통적인 자질은 무엇일까?

첫 번째로 성실함이다. 공부에서 가장 중요한 것은 성실함이다. 여기서 성실함이란 '무언가를 꾸준히 해낼 수 있는 능력'을 뜻한다. 성실한 사람은 비단 공부를 떠나 어떤 일을 하든 목표를 이뤄낼 수 있는 가능성이 존재한다. 반대로 성실하지 못하면 어떤 일이든 꾸준히 하지 못하고 결국 끝맺음을 하지 못한다. 공부는 한번에 얻어지는 것이 아닌 매일매일 쌓아가는 지식이다.

흔히 타고난 재능이 중요하다고 말한다. 물론 그런 경우도 있지만 적어도 공부에 있어서는 성실함이 재능을 이긴다. 공부에서 재능은 이미 배운 것을 좀 더 빨리 익힐 수 있게 도와줄 뿐, 완벽하게 이해하는 것과는 다르다. 그 어떤 천재라도 배우지 않은 것을 알 수는 없다. 공부는 결국 새로운 것을 배워서 꾸준히 익혀야 하고 새로운 것에 적용하며 지식을 쌓아가는 과정이다. 이 과정에서는 그 어떤 것보다 성실함이 가장 중요한 요소다. 공부는 누구에게나 평등하며 결국 시간과 노력의 싸움이다.

두 번째는 겸손함이다. 공부의 끝은 없다. 첫 시험에서 100점을 맞았다고 해서 다음 시험에서도 100점을 맞을 것이라는 보장은 없다. 또한 문제를 틀렸다면 내가 틀렸다는 것을 인정할 줄 알아야 한다. 공부라는 것은 기본적으로 배움의 학문이다. 배움은 모르는 상태에서 앎의 상태로 성장하는 것이다. 따라서 내가 부족하고 문제를 틀릴 수 있음을 인정해야 한다. 그래야 우리가 성장할 수 있으며 그 자세가 공부하는 데 있어 매우 중요하다.

주변을 둘러보면 겸손하지 않은 사람들이 종종 있다. 그 사람들은 자신의 능력을 과대평가한 나머지 자신이 잘못된 경우, 인정하지 않고 단순히 실수였거나 운이 나빴던 거라고 생각하며 반성하지 않는다. 또한 과거의 영광에 빠져 노력을 게을리하는 경우도 있다. 이런 사람들의 공통점은 목표를 이루기 힘들며, 나중에는 결국 현실과의 괴리감에 고통스러워한다.

공부는 내가 모르는 것을 배우고 틀린 것을 고쳐가며 한 단계씩 성장해가는 과정이다. 새로운 것을 배우고 성실하게 노력하기 위해서는 겸손함이 반드시 필요하다.

세 번째는 도전과 성취다. 공부는 누군가에게 배우는 것이다. 하지만 배운 것을 스스로 익혀 다른 문제에 적용할 줄 알아야 한다. 남들이 가르쳐준 것만 배우면 남들과 똑같은 지식을 가질 뿐이다. 우리는 남들보다 더 앞서 나가려면 배운 것을 기반으로 응용하여 지식체계를 넓혀갈 필요가 있다. 이 과정에서부터 학습한 것을 온전히 나의 것으로 바꿀 수 있다. 이렇게 된다면 남들보다 더 깊은 이해를 할 수 있다.

　도전에 성공하면 성취는 따라온다. 비단 공부뿐만 아니라 인생의 모든 영역에서 성취감은 중요하다. 새로운 목표를 이루고자 하는 많은 사람들이 이전의 목표를 이루고 얻은 성취감에서 큰 영감과 동기부여를 받는다. 성취감은 목표에 있어서 중요한 양성피드백(positive feedback)의 성격을 가진 원동력이다. 여기서 양성피드백이란 어떤 결과가 다시 원인에 작용하여 그 결과를 촉진하는 과정이다.

　네 번째는 계획성이다. 공부는 한번에 얻어지는 것이 아니다. 초등학교 과정을 마쳐야 중학교 과정을 공부할 수 있고, 이후 고등학교 과정까지 이어질 수 있다. 이렇듯 공부는 긴 과정이고 이것을 차례대로 완수해 나가기 위해서는 계획을 세우는 것이 필수다. 계획 없이 공부하는 것은 단지 개별적인 지식을 쌓을 뿐이지 지식이 연결되지 않고, 이는 곧 이해력을 떨어뜨리는 요소가 된다. 우리는 더 깊이 이해하고 적용하기 위해서 철저하게 계획을 세우고 순서에 따라 공부해야 한다.

　공부 잘하는 사람들은 스터디 플래너를 활용해 내가 어떤 공부를 해야 하는지 머릿속에 구상되어 있어서, 정해진 하루 24시간을 남들보다 더 효율적으로 활용할 수 있다. 더 나아가서 단순히 공부뿐만 아니라 학교나 학원 일정, 개인적인 약속 일정까지도 정리해놓는 습관이 있다. 계획을 세워두는 사람은 그렇지 않은 사람들보다 시간을 허투루 쓰지 않고 성실하게 하루를 살아갈 확률이 높다.

공부는 시간과 노력의 싸움이다. 성적은 하루아침에 오르지 않으며 장시간 지속적으로 시간을 투자해야 한다. 그래야 지식을 온전히 내 것으로 만들 수 있다.

시작은 절반의 성공,
끝맺음이 전체의 성공

시작하지 않으면 아무것도 이룰 수 없다

시작이 반이라는 말이 있다. 시작만 해도 절반을 가져갈 수 있다는 뜻이다. 무언가를 하고 싶은 생각은 있는데 실제로 시작하지 못한 경험은 다들 여러 번 해봤을 것이다. 그만큼 시작은 어렵다. 시작이라는 것은 단순히 목표를 이루는 과정에서의 첫 번째 단계가 아닌, 내가 어떠한 목표를 이루기 위한 마인드셋을 설정했다는 의미다.

물론 그 어려운 시작을 하더라도 무조건 성공하리라는 보장은 없다. 하지만 시작하지 않으면 아무것도 이룰 수 없다는 것은 확실하다. 따라서 우리는 목표를 설정했으면 시작을 해야 한다. 그리고 우리의 최종 목표는 시작하는 것이 아닌, 꿈을 이루고 성공하는 것이라는 것을 깨달아야 한다.

그렇다면 어떻게 목표를 이뤄낼 수 있을까? 바로 끝까지 가야 한다. 시작은 절반의 성공일 뿐 나머지 절반의 성공은 끝맺음에서 나온다. 또한 시작했다고 절반의 성공을 얻은 게 아닌, 진짜 성공까지 절반이 남았다는 의미다. 절반의 성공을 수십 번 해봐도 결국 진짜 성공은 아니다. 즉, 성공은 1/2이나 0.5처럼 분수나 소수로 표현할 수 있는 개념이 아니라, 시작부터 끝맺음까지 해야 진정한 성공이라 말할 수 있다.

공부를 예로 들어보자. 나는 고등학교 시절 모든 과목 중에서 국사(지금의 한국사)를 가장 싫어했다. 국사는 역사를 알면 미래를 어느 정도 알 수 있다는 장점도 있고, 또 한국인으로서 과거의 역사를 배우는 것 자체로 의미있는 과목이다. 그럼에도 불구하고 내가 국사를 싫어하는 이유는 단 하나, 바로 '암기' 때문이었다. 나는 수학이나 물리처럼 논리적으로 이해를 해야 외울 수 있는 타입이었다. 하지만 국사 같은 과목은 논리가 아니라 우선 암기를 해야 전체적인 흐름을 알 수 있는 과목이었다. 아무런 과정 없이 암기부터 해야 하는 이 과목을 공부하는 것이 나에게는 너무나 큰 고역이었다.

중간고사가 한 달이 남은 시점에 시험 준비를 해야 했다. 다른 과목들은 괜찮은데 국사만큼은 공부하기가 싫었다. 국사 공부를 시작해야 한다는 것을 알았지만 내 마음은 따라주지 않았고, 다른 과목들부터 먼저 공부하기 시작했다. 그렇게 차일피일 미루다가 결국 국사 공부를 시험 일주일 전부터 시작하게 되었다. 고등학교 전체 내신 1.09등급의 좋은 성적에서 0.09등급이 바로 국사나 생물 같은 암기 과목에서 깎인 점수였다.

분명한 목표가 있었지만 시작이 두려웠다. 시작이 더디니 끝맺음도 당연히 제대로 되지 못했고 결국 모든 것이 이루어질 수 없었다. 중간고사를 한번 망친 후, 다음 기말고사부터는 '싫어도 일단 시작하자.'는 마음가짐을 가졌고 이후부터는 1등급을 받을 수 있었다. 이렇듯 시작은 절반의 성공이다. 뭐가 되었든 일단 시작하는 것이 중요하다.

나의 강점과 약점을 분석하는 힘

이 과정에서 시작이 어떤 의미를 갖는지 깨달았고 동시에 중요한 현상을 하나 발견했다. 일단 눈 딱 감고 시작을 하면 어떻게든 된다는 것이다. 끝맺음까지 제대로 해내든 못해내든, 뭐가 됐든 결국 쭉 하게 되면 결과가 나온다. 결과가 실패여도 상관없다. 어차피 시도는 여러 번 할 수 있다. 또한 시작을 해봐야 내가 어떤 강점이 있고 어떤 문제점이 있는지 스스로에 대한 분석이 가능하고, 이를 바탕으로 더 발전시킬 수 있다. 한 번에 성공할 필요는 없다. 여러 번 시도해서 결국 성공을 해내면 된다.

"빠르게 실패하라."

이는 아주 유명한 격언 중 하나다. 성공하는 사람들은 빠르게 실패하는 것을 두려워 하지 않는다. 최대한 빨리 실패를 없애버릴 수 있는 좋은 방법이기 때문이다. 실패는 우리가 더 배워야 할 필요성을 느끼게 하며 어떻게 더 노력할지 알게 한다. 스타트업 업계에서도 자주 쓰이는 말이다. 뉴스나 기사를 보다보면 성공한 스타트업이 많아 보이지만 사실 실패한 스타트업이 비교할 수 없을 정도로 훨씬 더 많다. 지금 성공한 스타트업들 또한 한 번에 성공한 것이 아니라, 대부분 수차례의 실패를 거친 후에 성공한 것이다. 처음부터 잘되는 건 없다.

새로운 시도를 해보고 만약 실패한다면 왜 실패하는지 분석해서 조금 더 정교하게 다듬고 다음 시도를 하라는 뜻이다. 이것이 바로 '가설검증(개념증명: PoC, proof of concept과도 유사한 개념이다)'이라는 개념이다. 만약 시도를 해보지 않고 머릿속으로만 생각해본다면 우리는 실패마저 할 수 없다. 1년 동안 열심히 준비해서 한 번 시도하는 것보다는 조금 덜 완벽하더라도 3개월에 한 번씩 시도하면서 실패하는 것이 나중에 진짜 성공할 가능성이 더 높을 것이다.

어떤 사람이 유튜브를 통해 부수입을 얻는 것이 목표라고 해보자. 요즘 유튜버들이 막대한 수익을 벌어들인다는 기사를 보면서 '나도 유튜브 한번 해볼까?'라는 생각을 누구나 한 번쯤 해봤을 것이다. 하지만 정작 시작하는 사람은 거의 없다. 유튜브를 하겠다는 생각을 가진 사람이 100명이라면 그중 1명 정도가 정말 유튜브를 시작한다. 즉, 시작만 해도 상위 1%라는 절반의 성공을 한 것이다. 하지만 유튜브를 시작하는 것이 목표가 아닌, 유튜브를 통해 부수입을 얻는 것이 진짜 목표라면 어떻게 해야 할까? 시작을 했으니 그 목표를 이루기 위해 끝맺음까지 가야 한다.

유튜브는 개설만 하면 바로 수익을 얻을 수 있는 것이 아니다. 유튜브에서 수익을 얻기 위해서는 크게 2가지가 있는데, 하나는 영상에 광고가 자동으로 들어가는 구글 애드센스(우리나라 기준 조회수 1건당 약 1원)가 있고, 나머지는 광고사에서 직접 컨택이 와서 제품을 광고해주는 것이 있다. (후자는 구독자가 최소한 5,000~10,000명일 때부터 들어오기 시작하므로 이야기에서 제외하도록 하겠다) 구글 애드센스의 광고를 넣기 위해서는 채널의 최소 조건을 만족해야 하는데 바로 구독자 1,000명과 전체 시청 시간 4,000시간을 충족해야 한다.

채널을 이제 막 시작한 유튜버들에게는 굉장히 높은 조건이라고 할 수 있다. 만약 유튜브를 시작했는데 구독자 300명에서 더 이상 하기 힘들어 포기한다면? 목표를 이루지 못한 것이다. 목표를 이루기 위해서는 구독자 1,000명을 채워야 한다. 1,000명을 채우면 진정한 성공을 했다고 할 수 있다. 물론 이후로 또 새로운 목표를 정하고 새로운 시작을 하면서 채널을 더 크게 키워갈 수도 있다.

이렇듯 공부든, 스타트업이든, 유튜브든, 세상의 어떤 것이든 시작하지 않으면 아무것도 이루어지지 않는다. 무언가 원하는 목표가 있으면 일단 도전하고 즐기며 그 결과를 지켜보자. 결국 배울 가치가 있는 긍정적인 결과가 기다릴 것이다. 그리고 우리는 시작에 만족하지 않고 완전한 목표 달성을 위하여 끝맺음까지 긴 마라톤을 해야 한다. 그것이 바로 진정한 성공의 모습이다.

당신은 어떤 사람이며
어떻게 살고 싶은가?

당신은 앞으로 어떻게 살고 싶은가? '인생의 주인은 나'라는 말은 익히 들어봐서 잘 알고 있을 것이다. 하지만 성인이 되어서도 자신의 꿈이 무엇인지 모른 채, 어떻게 살아야 할지 갈피를 잡지 못하는 사람들이 많다. 나의 운명을 타인에게 맡기고 싶지 않다면 인생의 방향을 찾는 것은 시험 문제를 맞추는 것보다 더 중요한 문제다. 성공한 인생을 살고 싶은가? 누군가의 성공 이야기가 당신의 이야기가 된다는 보장은 없다. 꿈은 제각기 다르며 성공을 위해 나를 단련하는 것은 오롯이 나만이 할 수 있다. 인생의 갈피를 잡지 못한 사람들에게 다음의 3가지 조언을 주고 싶다.

- '잘하는 것', '하고 싶은 것', '해야 하는 것'이 무엇인지 생각하라.
- '잘하는 것', '하고 싶은 것', '해야 하는 것' 중에서 우선순위를 정하라.
- 우선순위에 맞게 계획을 짜고 행동하라.

이 3가지만 기억한다면 당신이 앞으로 어떻게 살아가야 하는지 갈피를 잡게 할 것이다. 그리고 이 모든 것을 위해서는 '나를 아는 것'이 선행되어야 한다. 당신의 어린 시절로 거슬러 올라가 보자. 당신은 무엇을 잘하는 사람이었는가?

나는 수학 영재였다. 평범한 학생이었던 나는 초등학교 1학년 때 우연히 학습지를 시작하게 되었다. 공부에 관심이 있던 90년대생들은 알텐데, 그 당시에는 방문교사가 학습지를 가지고 다니면서 어린 학생들을 교육해주는 것이 유행이었다. 중고등학생이라 치면 일종의 과외인 셈이다. 수학, 영어, 과학 등 다양한 과목을 공부했는데 그 중에서도 가장 재밌었던 것은 수학이었다.

학습지 선생님이 일주일에 한 번씩 방문하는데 숙제가 하루 3장이었으니 일주일간 21장의 숙제를 해야 했다. 다른 친구들은 학습지가 싫어서 미루다가 선생님이 오기 직전에 부랴부랴 숙제를 했지만, 나는 새로운 학습지를 받으면 하루 만에 21장을 다 풀어버리고 다음 학습지를 기다릴 정도였다. 특히 수학은 숙제라는 생각이 들지 않았다. 수학이라는 학문을 좋아했다기보다는 계산해서 답을 내는 과정 자체가 즐거웠다. 그리고 내가 풀었던 문제들이 모두 빨간색 동그라미로 채워지니 그 재미는 배가 됐다. 그렇게 나는 수학을 좋아하게 됐다. 태어나기를 수학적인 머리가 있어서 그런 것 같기도 하다.

초등학교 5학년 때 처음으로 수학 학원을 다녔다. 그곳에서도 마찬가지로 수학 문제를 푸는 것 자체가 즐거웠고 다른 친구들보다 항상 성적이 높아서 더욱 재밌었다. 학원에 들어가자마자 선생님이 수학경시대회에 나가보라고 권유를 했는데 생전 처음으로 나갔던 대회에서 금상을 탔다. 그때부터 내가 수학을 잘하는 사람이라고 생각했다. 잘하는 것을 하는 것은 즐거웠고 늘 보상이 따랐다.

고등학교 때는 성적이 좋아서 늘 전교 1등을 했다(물론 필사적인 노력이 있었기에 가능했다). 성적이 좋으니 당연하게도 주변에서는 의대를 가는 것이 어떠냐고 권유를 했다. 그래도 나는 늘 내가 잘하는 것, 그리고 하고 싶은 것인 수학을 고집해왔다. 부모님은 내심 의대를 가길 바라는 눈치였지만 내가 어렸을 때부터 수학을 얼마나 좋아하는지 알기에 수학을 향한 나의 꿈을 응원해줬다. 하지만 학교나 학원 선생님, 주변 친구들이나 친척들은 모두 나에게 의대 진학을 권유했다. 가장 큰 이유는 의사가 남들에게 인정받는 직업이라는 것과 임금 수준이 높기 때문이었다.

많은 사람이 하나같이 입을 모아 권유한다면 그만한 이유도 충분히 있다고 여겨 다시 한번 생각해보기로 했다. 그렇게 수시 원서를 서울대 수리과학부, 카이스트, 포스텍, 그리고 나머지는 전부 의대에 지원했다. 일단 지원해놓고 결과를 보고 생각하자는 전략이었다. 입시 결과 서울대 수리과학부와 울산대 의대를 동시에 붙었는데 최종적으로는 울산대 의대를 선택했다.

현재의 꿈보다는 미래의 안정을 택한 것이다. '잘하는 것', '하고 싶은 것'을 하는 것은 멋지고 즐거운 일이지만 결국 인생을 길게 살아가기 위해서는 안정적인 미래가 보장되는 길로 가는 것이 합리적인 선택이라고 계산했다. 아이러니하게도 다분히 수학적인 계산으로 나는 수학을 포기했다.

'해야 하는 것'이 가장 우선이다

사람은 보통 잘하는 것을 좋아하게 되고, 좋아하는 것을 하고 싶어 한다. 그러나 그것이 꼭 해야 하는 것이나 하면 좋은 것과 일치하지는 않는다. 물론 하고 싶은 것과 해야 하는 것이 일치하면 그보다 좋은 경우는 없다. 하지만 살다 보면 그렇지 못한 경우가 더 많다. 이곳에서 오는 괴리감이 큰데, 여기서 중요한 것은 그 괴리감을 없애라는 것이 아니고 바로 괴리감을 인정하라는 것이다. 어렵겠지만 그 괴리감을 인정하는 순간부터 삶이 더 풍요로워질 것이다. 내가 생각했을 때 '해야 하는 것'이 '하고 싶은 것'보다 더 우선순위에 있어야 한다. 하고 싶은 것을 하다가 해야 하는 것을 놓칠 수는 있지만, 해야 하는 것을 해놓으면 하고 싶은 것을 더 잘할 수 있기 때문이다.

하고 싶은 것만 해서 잘 살 수 있는 세상이면 얼마나 행복할까? 그곳이 아마도 유토피아가 아닐까 싶다. 현실을 살아가는 우리는 철저히 계산해야 살아남을 수 있다. 꿈을 꾸지 말라는 뜻이 아니다. 꿈을 꾸더라도 일단 해야 하는 것은 챙겨놓고 가야 한다. 꿈은 지금 당장 이뤄야 하는 것이 아닌 궁극적인 내 인생의 목표로 삼아야 한다. 조바심 가질 필요 없이 언젠가 이루면 된다는 뜻이다.

나를 알면
실패는 없다

내가 싫어하는 것과 좋아하는 것은 무엇인가

나는 의대에 오고 싶은 생각이 없었다. 의학 공부는 공부해야 할 양이 많은데다 의학용어 암기는 아무리 외워도 외우기 힘들다고 들었고, 또 대부분의 의학용어가 영어였는데 영어마저도 싫었다. 내가 좋아하는 것은 수학이었으니 완전히 정반대의 학문이었다. 본과생 때부터는 내과, 외과, 산부인과, 소아과 등 임상과목들을 배우게 된다. 하루 8교시 수업을 들으면 밤이 되는데 그날 쌓인 PPT 장수만 대략 400장이 된다. 그날 공부한 것을 복습하기도 어려운데 다음 날 수업을 들으면 다시 400장이 쌓였다. 전날 들은 수업은 한 번씩 복습해야 하므로 늘 새벽 3시에 잠이 들었다.

그렇게 일주일이 지나면 시험을 보고 다음 날 또 다른 과목의 수업을 듣는다. 고3 수험생 시절 공부했던 패턴을 본과 1, 2학년 동안 매일 하는 것이다. 내게는 매일매일이 참 고역이었다. 이때까지만 해도 나는 여전히 의대와 맞지 않다고 생각했다. 그래도 일단 들어와서 본과까지 왔으니 의대는 졸업하고 다른 길을 생각해보자고 결심하며 버티고 버텼다. 이제 와서 다른 길로 돌아가기에는 지금까지 해온 것들이 아까웠고, 사실 의대를 졸업해서 의사가 된다면 인생을 살아가는 데 어떻게든 메리트가 있을 것이라고 생각했다.

의대와 나는 맞지 않다고 생각했던 마음이 본과 3학년 때부터는 달라지기 시작했다. 이때부터는 의대생들이 대학병원에 나가서 PK(poly-klinic) 실습을 돈다. 과별로 교수님들의 회진을 따라 돌고, 시술이나 수술을 참관하고, 콘퍼런스에 참석하며, 실제로 환자들을 한 명씩 배정을 받아 문진하고 경과를 보며 그것을 정리하여 발표하는 등의 실습 과정을 거친다.

나는 이때 처음으로 의대를 온 것이 좋았다. 강의실에 갇혀서 의학용어를 달달 외우는 것은 싫었지만 병원에서 환자들과 직접 얘기를 하며 어떤 질병이 있는지 알아가는 과정, 그 질병을 치료해내는 과정, 그리고 질병의 경과를 보면서 어떤 추가적인 치료를 할지 고민하는 과정이 즐거웠다. 뿐만 아니라 다른 의료진들과 환자들의 케이스를 서로 이야기하며 어떤 치료가 더 좋은지, 그리고 그 예후는 어떠한지 논의하고 분석하는 시간이 즐거웠다.

여기서 내가 좋아하는 것은 바로 '문제를 해결하는 것'이라는 걸 깨달았다. 나는 의학을 싫어하는 것이 아니라 의미 없는 암기를 싫어했던 것이다. 돌이켜보면 학창 시절 내가 좋아했던 수학 또한 무언가 답을 내는 학문이었던 것이다.

또한 병원에 있는 사람들을 만나는 것 자체가 즐거웠다. 강의실 안에서 혼자 책을 보는 것과는 달리 실제 병원에서 일할 때는 환자든, 다른 동료든 많은 사람을 만나게 된다. 물론 고집이 세거나 무리한 요구를 하는 환자들로 인해 기분이 좋지 않거나 이기적인 동료들로 인해 업무적으로 피해를 받을 수 있다. 그러나 환자들은 대부분 점잖았고 동료들은 대부분 서로를 배려했다. 이 과정에서 나는 한번 더 깨달았다. 나는 사람을 좋아하는 성격이었다.

병원은 생(生)과 사(死)가 공존하고 모든 인간의 희로애락이 담겨 있는 공간이다. 그리고 그 모든 것이 사람으로 인해 얻어질 수 있는 소중한 감정이라고 생각한다. 치료가 잘되면 환자는 의사에게 감사함을 느끼고, 의사는 더불어 보람을 느낀다. 치료가 잘 안 되면 환자는 의사에게 질책을 할 수 있고, 의사는 최선을 다한 것이겠지만 미안한 감정과 동시에 앞으로는 더 잘해야겠다는 원동력이 생길 수 있다. 이 모든 것은 사람이 사람에게 하는 일이기에 느낄 수 있는 소중한 감정들이다.

나를 제대로 알면 싫은 일도 감수할 수 있다

의대가 싫었던 의대생, 수학 영재였던 나는 영어와 암기를 싫어하지만 문제를 해결하는 것과 사람을 좋아하는 사람이었다. 내가 무엇을 좋아하고 싫어하는지 깨닫게 되니 방황이란 있을 수 없었다. 좋아하는 것이 있으면 하면 되고 싫어하는 것이 있으면 버티면 된다.

"인생에서 공부보다 중요한 것은
나에 대해서 아는 것이다."

나에 대해서 알지 못하면 내가 지금 하는 일이 좋아하는 것인지, 싫어하는 것인지조차 알 수 없다. 그러면 사람은 방황을 하고 공허해지기 마련이다. 오해하지 않기를 바란다. 싫어하는 것을 피하라는 것이 아니다. '내가 지금 이걸 싫어하지만 앞으로 좋아하는 일도 있을 거니까 버티자.'는 생각을 스스로에게 각인시키라는 뜻이다. 그렇게 나는 본과 3, 4학년을 잘 보내고 덕분에 의대를 졸업해 의사가 될 수 있었다.

어떤 일을 하든 나를 잘 알아야 한다. 적어도 지금 자신이 하고 있는 일을 좋아하는지 싫어하는지 인지해야 한다. 하지만 아는 것에서 끝나면 안 된다. 다음에는 내가 이 일을 잘하는지 못하는지를 평가해야 하고, 그다음으로는 나에게 의미나 가치가 있는지 없는지를 분석해야 한다. 다음과 같이 자신에게 질문하라.

〔나에게 맞는 일을 찾는 방법〕
- 1단계 인지 **내가 이 일을 좋아하는가? 싫어하는가?**
- 2단계 평가 **내가 이 일을 잘하는가? 못하는가?**
- 3단계 분석 **이 일이 나에게 의미가 있는가? 없는가?**

이 3단계의 '인지-평가-분석'만 끝낸다면 우리는 인생을 살아가는데 실패할 수 없다. 이 모든 것의 시작은 나에 대해서 아는 것이다.

나를 스스로 아는 것부터가 진짜 인생의 시작이다.

가장 중요한 것은
나에 대한 믿음이다

내가 대학병원을 관둔 이유

나는 울산대 의대를 졸업하고 서울아산병원에서 인턴을 거쳐 가정
의학과 레지던트 1년 차로 일하던 중 퇴사를 결심했다. 서울아산병
원은 우리나라 최고의 대학병원 중 하나며, 전 세계 대학병원 순위
뿐 아니라 우리나라에서도 가장 높은 순위에 등극할 정도로 그 명성
이 자자한 곳이다. 개인적으로 이런 명성 있는 병원에서 일하게 되
어 감사하고 영광이었다. 하지만 나는 이런 최고의 병원을 뒤로하고
스스로 나왔다. 나를 믿었기 때문이다.

　나는 나의 퇴사 결정에 대해서 누구와도 의논하지 않았고 스스
로 결정했다. 가정의학과는 내과, 외과, 소아과, 산부인과 등 모든 과

에 대한 전반적인 이해가 필요한 과로 여러 과를 돌면서 수련을 받는다. 당시 나는 소화기내과 파트를 돌고 있었는데 내과는 수련하기 힘든 과 중 하나다. 정규 퇴근 시간은 오후 7시인데 회진을 돌고 환자들을 한 번 더 보고 처방을 정리하다가 응급환자가 생기면 급하게 가봐야 한다. 그러다 보면 새벽을 훌쩍 넘었다. 그리고 다음 날 정규 출근 시간은 오전 7시인데, 사실상 회진부터 처방 등 준비할 게 많아서 새벽 5시에는 출근을 해야 했다.

물론 다른 동료들도 이 힘든 과정을 버틴다. 하지만 나에게는 명분이 부족했다. 내가 수련을 받기로 결정한 이유는 단순히 전문의가 되고 싶었던 것이 아니었다. 좋은 병원에서 환자들과 만나며 배우고, 성장하며, 나만의 길을 찾고 싶었다. 그러나 현실은 혹독했다. 한순간도 거의 쉬지 못하고 일을 했으며, 하루에 4시간 정도밖에 자지 못해 건강을 잃어갔다.

잠을 못 자더라도 만약 내가 원하는 것을 얻을 수 있다면 괜찮았겠지만, 내 생각과 달리 레지던트는 컴퓨터 앞에서 처방을 정리하는 것이 주된 업무였다. 물론 이런 과정을 통해 배우는 것이 의사의 수련 과정이지만 나에게는 맞지 않았다. 나의 꿈은 의사로서 조금 더 창의적인 일을 통해 더 많은 사람에게 의료서비스를 제공하는 것이었다. 나에게 맞지 않는 옷을 입은 느낌이었다.

그렇게 레지던트 3년 차 선생님에게 퇴사 의사를 처음으로 밝혔다. 그러나 선생님은 처음에는 다들 그렇다, 힘든 것 알고 나도 그랬고 우리 모두 그랬다. 그렇게 다들 의사가 되는 것이라며 어려운 것이 있으면 최대한 도와줄 테니 편하게 말만 하라며 나를 붙잡았다. 3년 차 선생님의 설득을 받으며 '그래, 한번 이겨내 보자. 나는 이전에도 많은 고난을 겪었지만 결국 이겨내 왔으니 이번에도 이겨낼 수 있을 거야.'라고 스스로 격려하며 조금 더 해보기로 했다.

2개월을 더 버텼고 6월이 되었다. 겨우 버틸 정도는 되었지만 나의 근무환경은 그대로였고 여전히 내가 원하는 것을 얻지는 못했다. '내가 건강을 잃어가면서까지 이곳에 남아있어야 할 이유가 있을까?' 스스로 고민했다. 사실 퇴사라는 것은 쉽지 않은 결정이고 더욱이 전공의가 수련 도중에 병원을 나오는 것은 전국에서 손에 꼽을 정도로 드문 일이다. 왜냐하면 힘들어도 수련을 버텨 전문의가 되면 더 나은 삶을 보장받을 수 있고 의사로서 전문성이 늘어나기 때문이다.

많은 것들이 마음에 걸렸다. 그래서 4월 초부터 6월 중순까지 하루도 빠짐없이 내가 퇴사를 해도 괜찮은가에 대해서 수백 번 고민했다. 다음 3가지 질문을 스스로 던졌다.

1. (과거) 직장을 나왔을 때 후회되지 않을 것인가?
2. (현재) 퇴사를 함으로써 무엇을 얻을 수 있는가?
3. (미래) 퇴사 후 계획이 어떻게 되는가?

직장을 나오게 되면 나는 다시 그 직장에 들어가지 못하고 앞으로도 다른 병원에 들어갈 때 불이익을 받을 수 있다. 또한 짧았지만 재직 기간의 커리어가 없어질 수 있다. 다른 병원에 가서 수련을 받으면 다시 처음부터 해야 하기 때문이다. 또한 수련 중간에 나가게 되면 갑자기 업무 공백이 생기므로 주변 동료들의 업무가 늘어나 크고 작은 피해를 줄 수 있는 것도 마음에 걸렸다. 하지만 나는 후회하지 않을 것이라고 믿었다. 서울아산병원이라는 최고의 병원을 그만두더라도 나는 이곳, 그리고 다른 병원에서 수련을 받을 생각이 크게 없었다. 내가 원하는 것을 얻을 수 있는 과정이 아니었기 때문이다.

아직 젊기에 커리어가 중간에 끊기는 것에 대한 두려움이 적은 것도 있다. 만약 나중에 가서 수련을 다시 받고 싶으면 그때 다시 돌아가도 늦지 않았다. 마지막으로 동료들에게 피해를 주는 것은 마음이 아팠고 지금도 여전히 미안하지만, 그렇다고 해서 나의 건강을 잃으며 인생을 자유의지대로 살지 못하게 되는 것의 명분은 되지 못했다.

나는 전문의가 아니지만 이미 의사고 내가 가진 미디어적 능력, 그리고 사업적 능력으로 병원 밖의 세상에서 더 크게 성공할 수 있으리라 믿었다. 그리고 이에 대한 꿈이 있었다. 한 명의 임상의사로서 환자를 한 명, 한 명 치료해주는 것도 보람찬 일이지만 의료 외적인 나의 능력을 더 활용해서 더 많은 사람에게 의료를 제공할 수 있는 서비스를 만들어 수백, 아니 수천만 명의 환자들에게 도움을 줄 수 있겠다고 생각했다. 나는 나에 대해서 잘 알고 남다른 꿈이 있었으며 나의 능력을 믿었다. 그렇게 퇴사를 최종 결정했다.

나를 끝까지 믿어줄 사람은 결국 나

병원 퇴사 후 나는 정신과 진료를 받고 우울증 약을 처방받을 정도로 어두운 시간을 보냈다. 극심한 스트레스에 시달렸으며 후유증은 엄청났다. 나의 능력이 부족했는지에 대한 자책감, 주변 동료들에 대한 죄책감, 가족들에 대한 미안함 등 복합적인 감정이 나를 사로 잡으며 낭떠러지로 나 자신을 밀어 넣었다. 하지만 낭떠러지에서 한 발짝 뒷걸음치지 않도록 해준 것이 바로 나에 대한 믿음이었다. 나의 믿음이 나를 살려냈다.

내가 퇴사를 했다고 하자 가족은 물론, 친구들과 동료들에게 매우 큰 충격을 주었다. 퇴사를 하고 처음으로 만난 사람은 아버지였다. 아버지를 좋은 소고기집에 데려가서 술 한잔 기울이며 퇴사했다고 말씀드렸다. 청천벽력 같은 얘기에 아버지는 적잖이 당황한 기색이었고 내게 그 이유를 물어보셨다. 내가 다니는 병원은 정말 좋은 곳이고 의사로서 살아가는 데 필요한 과정이지만 내가 원하는 것이 아니었고, 육체와 정신 건강을 위해서 나오게 되었으며 나 자신을 잃어가고 있어서 그만두었다고 대답했다. 그러자 아버지는 앞으로 어떻게 살 것이냐고 물으셨다. 나는 일단 건강을 되찾고, 다른 병원에서 일반의로서 일을 하며, 내가 하고 있던 유튜브나 마케팅 업을 포함해서 내가 진정으로 하고 싶었던 스타트업을 하고 싶다고 얘기했다. 아버지는 마지막으로 잘 할 수 있겠느냐고 물으셨고 나는 나를 믿는 만큼 자신 있다고 말씀드렸다.

내가 나를 믿는 만큼 아버지도 나를 믿어주었다. 그리고 뒤이어 다른 가족들과 친구들도 나의 선택을 응원하고 지지해주었다. 내가 만약 나를 믿지 못하고 자신이 없었다면 주변 사람들도 나를 믿기 힘들었을 것이고 다시 병원에 돌아가는 것이 어떻겠냐고 나에게 권유했을 것이다. 그러나 나는 나의 선택에 대한 강력한 자기 확신이 있었고 그렇게 퇴사 이야기는 끝이 났다.

퇴사 후 건강을 되찾았고 스타트업을 시작했다. 나의 첫 스타트업 아이템은 바로 '환자 중심 커뮤니티'였다(물론 초기 스타트업인 만큼 아이템은 계속 바뀔 수 있다). 서울아산병원에서 일하면서 환자들이 얼마나 외롭고 궁금한 점이 많은지 알게 되었다. 이를 해결하기 위해 환자들을 위한 커뮤니티 서비스를 만들고 싶었다. 하지만 나의 뜻대로 스타트업이 잘 되지는 않았다. 각종 정부지원사업이나 경진대회에 지원을 했는데 보기 좋게 전부 떨어진 것이다. 그 후 주변 사업가들에게 찾아가 피드백을 받고 사업계획서를 수십 번 고쳤다. 투자사에 가서 발표를 했다가 부정적인 피드백을 받으며 좌절하기도 했다.

하지만 계속 도전했고 결국 약 1년만에 정부지원사업인 예비창업 패키지 소셜벤처 분야로 당선이 됐다. 퇴사를 결심한 후 1년이 지나서야 드디어 조금의 빛을 본 것이다. 물론 아직 갈 길이 먼 초기 스타트업이고, 또 많은 고난들이 있겠지만 첫발을 뗐다는 것이 감격스러웠다. 나의 꿈 하나가 실현됐고 이 순간이 내가 가장 기뻤던 순간들 중 하나가 되었다.

나만큼 나를 믿어줄 사람은 없다. 믿음은 사람을 강하게 만든다. 의사로서 병원 입사부터 퇴사까지, 그리고 스타트업의 성공적인 첫발을 뗄 때까지 가장 중요했던 것은 자기 확신이었다. 내가 만약 나를 믿지 못했다면 퇴사하지 못하고 여전히 병원에 남아 꿈은 접어둔 채 나를 잃어버렸을 것이다. 내가 어떤 사람인지 알고, 어떤 능력이 있는지 파악하고, 이를 바탕으로 실행에 옮긴다면 당신은 어떤 꿈이든 이뤄낼 수 있는 가능성이 있다고 얘기하고 싶다. 아무리 능력이 있어도 자신을 믿지 못하면 새로운 도전은 없다. 인생을 더 풍부하게 영위하고 싶다면 말이다.

성공은
남들과 다른 길에서
나온다

남들이 가지 않은 길을 가라

사람들은 남들이 가는 길을 간다. 왜냐하면 남들이 많이 가는 길은 크게 실패할 일이 없고 안전하다고 생각하기 때문이다. 현실에 안주하려는 것은 인간의 본성이며 생존과 안전은 인간의 기본적인 욕구다. 반대로 말하면 남들이 가지 않는 길을 가는 것은 그만큼 실패의 위험도 크며 불안감이 동반된다는 것을 의미한다. 이는 자연스러운 현상이다.

나는 잘 다니던 대형병원을 나오고 직종을 바꿨다. 병원을 나온 것에 대한 두려움과 걱정이 없었다면 거짓말이다. 그럼에도 나는 만 26세의 나이로 아직 어렸고 여러 번 무너져도 다시 일어설 수 있는 능력과 에너지가 있다고 믿었다. 그래서 남들이 틀리다는 길을 일부러 가보려고 했다. 그 길에 왠지 모를 끌림이 있었다. 그 끌림은 바로 모험 뒤에 따라오는 큰 성공이었다.

세계적인 기업인 마이크로소프트의 창립자인 빌 게이츠, 메타(구 페이스북)의 CEO 마크 저커버그는 모두 하버드 대학교를 다니다가 중퇴를 했고, 19세의 젊은 나이로 창업에 도전했다. 크게 성공한 사람들은 공통점이 있다. 바로 남들과 다른 모험을 했다는 것이다.

남들이 가지 않은 길을 갈 때 성공할 수 있는 확률은 어떻게 될까? 또 그 가치는 어느 정도일까? 수학에는 기댓값(expectation)이라는 용어가 있다. 어떤 확률 과정을 무한히 반복했을 때, 얻을 수 있는 값의 평균으로서 기대할 수 있는 값을 뜻하는 용어다. 예를 들어, 주사위를 던졌을 때 3이 나오는 기댓값은 1/6이고, 7이 나오는 기댓값은 0/6이다. 주사위는 1부터 6까지의 숫자만 있기에 예측이 가능하다.

그렇다면 우리의 인생도 예측 가능한 주사위와 같을까? 물론 아니다. 인생은 예측 불가능하다. 인생이 계획대로 흘러가지 않는다는 걸 그동안의 경험 데이터를 통해 모두 잘 알고 있을 것이다. 또한 다양한 인생의 방식이 있고 성공하는 길도 여러 가지다. 따라서 나는 인생에서 안정적인 길을 택하지 않고도 성공할 확률이 존재한다고 생각했고 그 성공의 대가는 훨씬 크다고 예측했다. 내가 계산한 성공의 기댓값은 다음과 같다.

- 남들이 많이 가는 길
  성공할 확률   0.99
  얻을 수 있는 성공의 최대치   100
  ⇒ **남들이 많이 가는 길의 최대 성공 기댓값**
    $0.99 \times 100 = 99$
- 남들이 가지 않은 길
  성공할 확률   0.01
  얻을 수 있는 성공의 최대치   1,000,000
  ⇒ **남들이 가지 않는 길의 최대 성공 기댓값**
    $0.01 \times 1,000,000 = 10,000$

여기서 나는 남들이 많이 가는 길의 최대 성공 기댓값인 99보다 남들이 가지 않는 길의 최대 성공 기대값인 10,000이라는 숫자에 더 투자할 만한 가치가 있다고 판단했다. 여기서 만약 최대치인 10,000을 얻지 못하고 돌아가더라도 적어도 90은 얻을 수 있지 않을까? 90과 99는 큰 차이가 없어 보이므로 남들이 가지 않는 길에 베팅을 해보는 것이 수학적으로 합리적인 선택이라고 생각했다.

물론 안정적인 길을 가는 것도 하나의 방법이지만 큰 성공은 불가능하다. 이는 서점에 있는 자기계발 도서 코너만 둘러봐도 알 수 있다. 남들이 가지 않은 길에서 성공한 사람이나 남들이 가던 길에서 뛰쳐나와 새로운 길을 걸어서 성공한 사람의 수가 남들과 똑같은 길을 걸어 성공한 사람의 수보다 훨씬 많다. 대기업 삼성에 취직해서

30년 일한 사람도 대단하지만 삼성에서 5년 일하고 퇴사를 하여 사업으로 성공한 사람이 더 임팩트가 있지 않은가? 바로 모험 뒤에 따라오는 큰 성공이다.

내가 정의한 개념 중에 안정 리스크와 불안정 리스크라는 것이 있다. 안정 리스크는 안정적인 길을 택했을 때 얻을 수 없는 큰 성공의 기댓값을 의미하고, 불안정 리스크는 불안정한 길을 택했을 때 얻을 수 없는 안정성의 기댓값을 의미한다. 사람마다 성향의 차이가 있겠지만 도전과 모험, 성취와 큰 성공을 추구하는 나로서는 안정 리스크보다는 불안정 리스크가 더 가치 있다.

새로운 도전은 불안정하기 마련이고 성공은 새로운 도전에서 나온다. 즉, 성공은 불안정한 길에서 나오는 가치다. 안정적인 길에서 성공이 나온다면 안정적인 길을 택한 99%의 사람들이 모두 성공해야 하는데 현실은 그렇지 않지 않은가? 다른 길에서 성과를 내는 것은 도전적이지만 성공했을 때 그 기댓값은 훨씬 크다. 결국 성공은 남들과 같은 길에서가 아닌 남들과 다른 길에서 나온다. 불안정 리스크를 추구할수록 성공의 가능성은 높아지는 것이다.

남들이 가지 않는 길을 가면 성공 여부와 관계없이 도전 그 자체만으로 멋진 인생을 꾸려갈 수 있다. 또한 남들과 다른 길에서 성공한 사람들은 특유의 정신력과 의지로 새로운 것을 창조해낼 수 있다. 인생을 자유의지로 살아가며 더 풍요롭게 인생을 살 수 있다는 뜻이다. 물론 남들과 비슷하게 사는 것만으로도 훌륭한 인생이라고 생각할 수 있지만, 더 큰 성공이나 성취에 더 높은 가치를 두는 인생을 살고 싶다면 그것이 꼭 정답은 아닐 수 있다.

나 또한 〈의대생 TV〉라는 새로운 도전을 통해 정말 많은 것을 얻었다. 유튜브 채널을 운영하면서 기본적인 마케팅, 홍보에 대해서 배웠고 이는 내가 앞으로 병원이든 스타트업을 하든 여러모로 도움이 될 것이다. 또한 구독자들에게 정보를 제공함으로써 선한 영향력을 주고 인지도를 쌓음에 따라 강연을 열고 책을 출간하는 기회를 얻었다.

이 과정에서 많은 사람이 나를 따라주고 만남을 요청받으며 자연스럽게 인적 네트워크와 자신감도 늘어났다. 또한 〈의대생 TV〉만이 유일하게 가지고 있는 가치를 사회적으로 널리 인정받아 SBS스페셜 〈혼공시대〉, MBN 〈혼공, 조남호의 입시코드〉 등 방송에 섭외 요청을 받아 출연하기도 했다. 새로운 도전을 성공시킴으로써 더 많은 성취를 이끌어내고자 '스노우볼'을 굴리고 있는 것이다.

나는 여기서 한 번 더 새로운 도전을 시작했다. 이번 5기 신규 크리에이터 모집 시 공부와 입시 최상위를 자랑하는 메디컬 계열의 치대생, 약대생들을 선발해 〈의대생 TV〉 범위를 더 넓힌 것이다. 많은 험난한 길이 기다릴 것이고, 도전이 실패할 수도 있다. 하지만 이것을 잘 풀어낸다면 지금까지와는 또 다른 성취를 얻어낼 수 있다고 확신한다. 이것이 바로 새로운 도전의 묘미이고 새로운 도전에서 성취를 맛본 자의 용기다.

무언가를 해내기 위한 여러 단계들

성공은 하루아침에 이루어지는 것이 아니다. 그렇다면 성공은 어떻게 이뤄낼 수 있을까? 어떠한 일에 대한 성취 또는 성과를 내기 위한 일련의 과정은 다음과 같다.

〔무언가를 성취해내기 위한 5단계〕

- 1단계 **Idea** 　　**생각이 있다**
- 2단계 **Willing** 　**하고자 한다**
- 3단계 **Do** 　　　**실행한다**
- 4단계 **Output** 　**결과를 낸다**
- 5단계 **Outcome** **의미 있는 결과로서 남는다**

많은 사람은 일단 생각을 이끌어 하고자 하는 마음까지는 간다. 그런데 1, 2단계에 머무는 경우가 많다. 3단계를 실행하면 최소 4단계까지는 갈 수 있지만, 5단계까지 가는 것은 또 다른 문제다. 4단계의 'Output'은 실행만 하면 나오는 결과물일 뿐, 5단계의 'Outcome'은 그 결과물로 인해 어떠한 의미 있는 가치가 도출되어야 한다. 이해를 돕기 위해 유튜버가 되고 싶어 하는 사람의 경우를 예시를 들어보자.

1단계, 유튜버가 되고 싶다는 생각을 한다.

2단계, 유튜버가 되기 위해 정보를 찾아보고 어떤 콘셉트로 어떤 콘텐츠를 다룰지 정한다.

3단계, 유튜브에서 크리에이터용 채널을 개설하고 채널명을 설정한다. 카메라와 마이크, 조명을 구매하고 촬영한다. 촬영 후 편집하고, 썸네일을 만들고, 영상 제목과 설명글을 작성하여 최종 업로드한다. 업로드한 영상을 주변 친구들이나 불특정 다수에게 알린다. 댓글과 시청자들의 반응을 살피면서 자신의 콘텐츠를 분석한다. 영상에서 사용한 음원이나 폰트에 저작권 문제가 없는지 살펴본다. 필요에 따라 해외 시청자들을 위해 자막을 추가한다. 이 모든 과정에서 촬영, 편집, 기획, 홍보, 마케팅, 저작권, 자막까지 모든 것을 공부하면서 발전시켜 나간다.

4단계, 꾸준히 영상을 올리며 본격적으로 콘텐츠를 쌓아가며 구독자 수를 확보한다.

5단계, 유의미한 조회수를 확보하며 많은 구독자를 모은 유튜버가 된다.

위처럼 생각만 있으면 1단계 그리고 약간의 의지만 있으면 2단계까지 가는 것은 쉽다. 하지만 실제로 하는 3단계부터는 완전히 다른 영역이다. 하지 않은 것과 실제로 한 것의 차이는 0과 1의 차이, 즉 하늘과 땅의 차이이다. 이렇듯 어떤 일을 하는데 있어서 생각과 의지도 중요하지만 실제로 가장 중요한 것은 바로 '그래서 실제로 했는가?'다. 3단계처럼 실행을 했다면 4단계의 결과는 반드시 따라온다.

하지만 조회수 300회를 기록하는 구독자 수 100명인 채널을 운영

한다고 해서 유튜버라고 하지는 않는다. 3~4단계의 과정을 거치면서 공부를 하고 많은 시도를 통해 소위 말하는 '대박영상'을 만들어내야 구독자 1,000명, 10,000명을 넘어서며 진정한 유튜버가 되는 것이다. 이것이 바로 유의미한 결과(outcome)인 5단계다.

한 가지를 제대로 해내는 것도 쉽지 않다. 우리는 무언가를 해내는 것이 얼마나 위대한 일인지 알아야 한다. 위 5단계만 거치면 누구나 의미 있는 결과를 낼 수 있고 결국 목표를 이룰 수 있을 것이다. 그리고 그 모든 것의 시작은 마음을 먹고 실행하는 것에서 온다. 생각과 의지만으로는 무언가를 해낼 수 없다.

성공하는 사람들에게는 공통점이 있다. 그중 하나가 바로 '실행력'이다. 아무것도 하지 않으면 아무것도 이루어지지 않는다. 성공하는 사람은 똑똑한 사람이 아닌 실행하는 사람이며, 성공은 머리에서 나오는 것이 아닌 몸에서 나오는 것이다. 내가 아무리 잘나도 실행하지 않으면 아무 소용이 없다. 반대로 내가 그렇게 잘나지 않았어도 실행한다면 적어도 실행하지 않은 사람들보다 더 앞서나갈 수 있을 것이다.

무언가에 도전하는 것은 힘들고 피곤하며 두려운 일이다. 그럼에도 일단 하자. 두려움은 일시적이지만 결과는 성취감을 남겨준다.

새로운 도전을 하고 싶은데
주위 시선 때문에 고민입니다

제 주관적인 생각을 얘기해볼게요. 주위 시선은 크게 신경 쓰지 않아도 돼요. 주변 사람들이 "너 그거 하면 망해.", "그건 좀 그렇지 않아?", "별로일 것 같은데." 이렇게 얘기하는 게 무슨 상관인가요? 내가 내 인생 사는 거잖아요. 남한테 맡기거나 빚진 것도 아니고 남들에게 피해를 주지 않는 선에서 재미나 의미를 찾으면 그걸로도 충분히 된 거예요. 만약 당신이 크게 성공한다면 주변에서 축하해주거나 질투하거나 둘 중 하나입니다.

주위 시선 때문에 무언가를 하고 싶은데 주춤하는 사람에게 얘기하고 싶어요. "다른 사람의 시선은 당신의 인생을 책임져주지 않습니다. '나의 능력' 때문이 아닌 '남의 시선' 때문에 나의 꿈과 목표, 도전을 한정 짓는 건 내가 내 인생을 살지 못하는 것입니다.

실제로 저는 제 인생을 살기 위해 앞만 보고 달리고 있어요. 남에게 왈가왈부하는 사람, 저는 신경도 안 써요. 부디 이 고민을 넘어섰으면 좋겠어요. 저도 넘어서는 데 몇 년이 걸렸어요. 넘으면 모든 게 꽃길입니다.

새로운 도전을 할 때 망설이게 만드는 것은 크게 2가지입니다.

첫 번째는 기회비용입니다. 현재의 편안함, 안정감을 마다하는 사람은 없을 겁니다. 내가 어떠한 것에 능력이 있고 오래 해왔기에 잘하고, 지금 받는 급여도 만족스럽고, 사람들도 나를 좋아해 주는데 굳이 내가 그만두고 다른 도전을 할 이유가 있을까요? 없습니다. 근데 내가 다른 도전을 생각한다는 것은 무의식적으로 어디에선가 불만족스러운 부분이 있다는 것을 의미합니다. 그것을 충족하기 위해서는 새로운 도전을 해야 하고 지금의 내가 가진 것을 내려놓을 수 있어야 합니다. 세상에 공짜는 없습니다. 현재의 일을 그만둔다고 해서 자신의 경력이나 능력이 없어지는 것은 아닙니다. 포기하는 것이 아닌 잠시 놓고 다른 도전을 한다는 생각을 가지면 좋겠습니다. 도전에 실패한다고 해서 인생이 실패하는 것이 아닙니다. 우리는 실패하더라도 다시 일어설 수 있다는 확신을 가져야 합니다.

두 번째는 불확실성입니다. 불확실한 성공과 확실한 안정감을 비교했을 때, 전자가 더 기댓값이 클 것이라고 생각했습니다. 불확실성을 없앨 수는 없지만 내가 똑똑하거나 능력이 있거나 노력할 줄 알거나 의지가 강하다면 최소한 실패는 없을 것입니다. 저는 불안정한 인생을 즐기고 있습니다. 내 인생 내가 어떻게든 책임지면 누가 뭐라 할 사람 없습니다. 사실 책임 못 져도 누가 뭐라 할수 없죠. 당신의 인생은 전적으로 당신의 것입니다.

2장

모든 에너지를
원동력으로 전환한다

욕망을 가진 자만이 목표를 이룰 수 있다.
자신의 욕망을 구체화할 수 있는 사람일수록
성공 가능성은 더 높아진다.
당신의 욕망이 무엇인가를 아는 것부터
당신의 진짜 인생이 시작된다.

욕망은
최고의 원동력이다

욕망은 누구나 갖고 있다

제아무리 의지가 확고한 사람이라도 긴 시간 목표를 향해 달려가다 보면 누구든 한 번씩 힘을 잃게 되기 마련이다. 체력이 따라주지 않을 수 있고 정신적으로 지칠 수 있다. 혹은 목표가 불분명해졌거나 목적의식을 잃었을 수도 있다. 하지만 우리는 목표를 이루기 위해 끝까지 가야 한다. 그러기 위해서는 지친 자신을 자극하고 동기부여가 되는 원동력이 필요하다.

목표를 이루기 위한 가장 큰 원동력은 무엇일까? 바로 '욕망'이다. 성공하고자 하는 욕망, 더 위로 올라가고자 하는 욕심, 남들보다 더 뛰어나고 싶은 욕구 따위가 바로 그 예다. 한편 욕망은 나쁜 것이며 부정적인 느낌으로 인식되기도 한다. 하지만 욕망은 당신의 삶이 발전적인 방향으로 가도록 도와준다. 욕망은 인간의 기본적인 생존 본능이며 우리는 저마다의 욕망을 가지고 있다. 그 욕망이 우리를 목표까지 태워 줄 연료가 될 것이다.

요즘 시대를 '자기 PR의 시대'라고 하지 않는가? 당신이 공부를 더 잘해서 성공한 인생을 살기 바란다면 당신의 욕망에 솔직해져야 한다. 욕망이 당신을 더 강하고 멋지게 발전시켜줄 것이다. 욕망을 원동력으로 100% 활용하기 위해서는 우선 욕망을 구체화해야 한다. 욕망은 구체적일수록 나에게 확실한 동기부여를 줄 수 있다. 예를 들어, 공부에 있어서 다음과 같은 욕망이 있다고 하자.

1번 **공부를 잘하고 싶은 욕망**
2번 **성적이 오르고 싶은 욕망**
3번 **내 라이벌 상대보다 높은 점수를 받고 싶은 욕망**
4번 **전교 1등을 하고 싶은 욕망**

1번은 공부를 하는 학생이라면 누구나 가지고 있는 욕망일 것이다. 하지만 당연하게도 이것은 큰 동기부여가 되지 않을 것이다. 공부를 잘하는 것이 뭘까? 단순히 눈앞에 있는 쪽지 시험을 다 맞으면 공부를 잘하는 걸까? 선생님의 모든 질문에 똑똑하게 대답하면 공부를 잘하는 걸까? 아니면 평소에는 공부를 잘 못하더라도 시험 성

적만 잘 나오면 그게 공부를 잘하는 걸까? 구체적이지 못한 욕망은 마음에 와닿지 않기 때문에 필요가 없다.

2번은 1번보다는 조금 더 구체적이다. 단순히 '공부를 잘하는 것' 보다는 구체적으로 '성적이 오르는 것'으로 표현하는 것이 더 낫다. 그렇다면 저번 시험보다 이번 시험에서 1점만 더 높아도 그 욕망은 충족될 것인가? 사실 아직 구체화가 부족한 욕망이라고 말할 수 있다.

3번은 1번과 2번에 비해 훨씬 더 구체적인 욕망이다. 사실 여기에는 단순히 높은 점수에 대한 욕망만 있는 것이 아닌, 경쟁에서의 승리에 대한 욕망이 섞여 있다. 3번 같은 욕망이 공부하는 데 있어서 정말 강력한 원동력이 될 수 있다.

여기서 내 얘기를 하자면, 내가 고등학교 수험생 시절이었다. 서울 대치동 다음으로 유명한 학원가인 목동에서 대형 종합학원을 다녔을 때였다. 유명 대형 종합학원에 가보니 나보다 무서운 공부 수재들이 훨씬 많았다. 학원에 들어갈 때 반 배치고사를 봤는데 10개가 넘는 반에서 겨우 중간 클래스 반에 배정되었다. 나도 나름 내 지역인 여의도에서 공부 좀 한다는 소리를 들었는데 어린 나이에 적잖은 충격을 받았다. 그래서 가장 높은 반까지 올라가겠다는 욕망이 생겼다. 항상 같은 반에서 공부를 제일 잘하는 친구를 라이벌로 삼고 저 친구를 뛰어넘어야 반을 올라갈 수 있겠다는 생각을 하며 그 친구를 이기려고 노력했다. 그렇게 결국 몇 개월 만에 학원에서 가장 높은 반까지 올라갈 수 있었다. 경쟁심리는 욕망을 더 불태우는 요소로 작용할 수 있기에 적절히 사용하면 좋은 결과를 낼 수 있다.

4번 또한 구체적이긴 하지만 경우에 따라 너무 높은 목표일 수도 있다. 만약 본인이 전교권은커녕 반에서 10등을 하는 학생이라면 이 욕망은 오히려 동기를 꺾는 요소로 작용할 수 있다. 목표는 높을수록 좋지만 목표에는 단계가 있다. 전교 1등이 불가능하다는 것이 아니라 전교 1등이라는 욕망을 계속 품되 현실적으로 가능한 단계를 밟아 올라가라는 것이다.

이렇게 본다면 위 4개의 욕망 예시에서는 3번이 가장 동기부여를 줄 수 있는 욕망이라고 할 수 있다. 하지만 라이벌 상대가 갑자기 공부를 못하게 되거나 없어질 수도 있으므로 다소 불안정한 욕망이라고 볼 수 있다. 욕망의 근거가 내부가 아닌 외부에 있기 때문이다.

──────── **타인의 욕망을 좇지 말고 주체적으로 욕망하라**

욕망이론을 주장한 프랑스 정신분석학자 자크 라캉은 "인간은 타자의 욕망을 욕망한다."고 말했다. 인간이 자신의 욕망이라고 생각하는 것이 사실 대부분 자신의 내면으로부터 비롯된 것이 아닌 사회적인 관계에 의해 즉, 다른 사람에 의해 자신도 모르게 주입된 욕망이라는 것이다. 예를 들어, 1등을 하면 멋있는 삶이고 성공한 삶을 살 수 있다는 주변의 이야기를 들으며 스스로 1등이 되어야겠다는 욕망이 생기게 된다는 것이다. 이러한 타자의 욕망이 자신의 욕망이 됨으로써 우리는 동기부여를 하게 된다.

하지만 여기서 내가 강조하고 싶은 것은 욕망을 갖되 타인을 좇기보다는 주체성을 갖자는 것이다. 욕망의 근원이 타자로부터 나왔다고 해도, 그것을 본인에게 잘 적용하여 그 솔직한 욕망에 올라탄다면 더 먼 거리를 내달릴 수 있는 강력한 에너지를 가질 수 있지 않을까? 결국 욕망을 자신에게 잘 체화하여 활용한다면 최고의 에너지 원천이 될 수 있을 것이다.

나는 중학교 시절 전교권은 구경도 못했고 전교 450명 중에서 겨우 150등 정도 했던 학생이었다. 공부를 잘하는 축에도 못 끼고 그저 수학만 조금 하는 학생이었다. 2000년대 후반 당시 특목고 열풍이 있던 때였다. 그 열풍에 나도 휩쓸려 유명 학원 특목고 준비반에 들어가 공부를 강제로 열심히 하게 되었다. 그렇게 내 성적은 중학교 3학년 때 전교 두 자리 수를 기록하게 되었고, 마지막 시험에서 전교 33등이라는 쾌거를 이루었다. 이때 공부의 맛을 알게 되었고 학업에 열중하게 되었다. 아쉽게 특목고는 떨어졌지만 말이다.

일반계 고등학교에 입학하기 전 공부의 성취감을 맛본 나는 아주 큰 욕망이 생겼다. 전교 1등이라는 욕망이었다. 내가 다녔던 학원 친구들은 다 특목고에 붙었는데 열심히 공부한 나는 특목고에 홀로 떨어져서 억울하고 슬펐다. 특목고에는 못 갔지만 일반고에서라도 1등을 해서 나를 증명하고 싶었다. 또한 중학교 때 전교 150등에서

33등까지 올랐으니 이 상승세라면 고등학교에서 전교권 안에 들 수 있지 않을까 하는 욕심이 생겼다.

이때 나의 욕망은 다음과 같았다.

'일반고에 입학해서 고1 때 적어도 반 1등을 차지한 후, 고2 때 전교 1등으로 올라가고, 고3 때까지 1등을 유지하는 것. 그리고 특목고 입시를 실패한 것이 오히려 잘된 것이었다고 생각할 만큼 일반고에서 최고의 성적을 내어 최고의 대학 입시 결과를 내는 것. 그리고 이 성공의 기쁨을 부모님과 함께 나누는 것.'

내가 생각해도 굉장히 구체적이고 경쟁의식이 가득 찬 욕망이었다. 이 정도 욕망이면 웬만한 건 다 이뤄낼 수 있을 것 같다. 이 욕망을 가지고 실제로 나는 고1 1학기 중간고사에서 전교 4등을 차지했다. 고1 1학기 기말고사 때 전교 1등을 했고, 그 이후 고3 2학기 기말고사까지 계속 전교 1등을 유지하며 압도적인 1등이 되었다.

'수학만 조금 하던 학생'이었던 내가 어떻게 전 과목에서 최상위권으로 올라갈 수 있었을까? 여기서 또 다른 욕망이 있었다. 나는 주변에서 항상 '수학은 좀 하지만 다른 과목은 수학 정도는 아니라서 상위권이 불가능하다.'라는 평가를 받았고 이것이 나의 자존심을 건드리는 계기가 되었다. 주변의 평가를 깨고 나의 역량을 증명하고 싶었다. 자신의 아래라고 생각했던 사람들 위에 서게 되는 것이 얼마나 짜릿한 순간인가? 그 욕망이 발판이 되어 또 다른 욕망을 세웠다.

'수학 고수'인 상태에서 과학을 잘해서 '이과 과목 고수'가 되고,

이후에는 취약 과목이었던 언어 영역인 국어와 영어를 잘해서 '주요 과목 고수'가 되고, 마지막으로 비중이 적은 나머지 과목들까지 잘해서 '전 과목 고수'가 되고자 했다. 이렇게 구체적으로 그리고 단계적으로 욕망을 설정하고 하나씩 성취해가면서 스스로 동기부여(self-motivation)했다.

그렇게 나는 울산대 의대 13학번으로 합격하였고 적어도 내가 주변 사람들 중에서 가장 대학을 잘 가게 되었다. 오히려 특목고에 갔던 친구들은 대학을 잘 못 간 경우가 많았다. 인생사 새옹지마라고 했던가? 인생이라는 건 참 어떻게 될지 예측할 수 없고, 그래서 더 재미있는 것 아닌가 싶다.

욕망을 갖기 위해서는 다음과 같은 조언들이 도움이 될 것이다.

1. 현재까지 이룬 것에 만족하지 않는다.
2. 목표를 한번 설정했으면 다시 뒤돌아보지 않는다.
3. 나는 항상 부족하다는 생각을 한다.

욕망에는 여러 요소가 있을 수 있다. 위에서는 공부에 대한 예시만 들었지만 사실 돈, 명예, 권력부터 자아 실현이나 가족을 지키고자 하는 욕구도 있고 과시욕, 성욕, 식욕까지 굉장히 다양하다. 잘못된 욕망은 없다. 다만 욕망이 과하다 보면 실수를 저지를 수도 있기에 우리는 욕망을 잘 조절해야 한다. 조절만 잘 한다면 욕망은 그 어떤 것보다 강한 원동력이 될 수 있을 것이다.

만약 욕망이 없다면 우리는 목표 자체를 가질 수 없다. 유교 사상의 영향 때문인지 우리나라에서는 많은 사람이 겸손해야 하며 욕망을 최대한 억누르는 것을 미덕이라 여긴다. "저는 큰 성공을 바라지 않고 그냥 조용히 편하게 살고 싶어요."라고 하는 사람들도 있다. 이들은 안정감에 대한 욕망이 있는 것이다. 욕망을 내려놓으면 마음이 편하고 뭔가를 더 열심히 하지 않아도 된다. 그리고 그것이 편안하고 좋은 삶이라고 생각한다.

또한 욕망을 내려놓게 만드는 요소 중 하나가 바로 자신감의 결여로 인한 포기다. "내 주제에 어렵다는 이 시험에 합격할 수 있겠어?", "내 주제에 최상위권 성적을 올릴 수 있겠어?"와 같은 생각이 당신을 점점 더 위축되게 만들고 성적 상승을 좌절시킨다. 이것은 삶의 발전에 저해되는 치명적인 마인드이므로 주의해야 한다.

욕망은 생명체의 근원적인 요소다. 우리는 우리가 어떤 욕망이 있는지 알 필요가 있다. 어떤 욕망이 있는지 알았다면 그것을 구체화하고, 목표를 설정하고, 이를 훌륭한 원동력으로 삼기를 권한다. 이것이 당신을 목표 달성까지 이끌어줄 것이다.

나는 의대생 시절 공부를 잘하지 못했다. 물론 의학 자체는 재밌고 공부를 아예 안 했던 것은 아니지만 예전 고등학교 시절에 비해서는 한참 떨어지는 성적이었고 동기부여 또한 잘되지 않았다. 하지만 이렇게 하다가는 그냥 그저 그런 평범한 의사가 될 뿐, 다른 특별할 것 없는 존재가 될 것이라 생각했다. 나에게는 낮은 성적을 보완해줄 나만의 무기가 필요했다(물론 의사 자체만으로도 좋은 직업일 수 있겠지만 나의 욕망은 더 높은 곳에 있었다). 의대생 시절 다음과 같은 생각이 내 인생의 전환점을 가져왔다. 나의 욕망은 '비록 성적은 낮지만 다른 능력을 가진 특별한 의대생이 되는 것'이었다.

그 욕망을 이루기 위해 딴짓을 시작했다. 2018년 10월, 유튜브 채널 〈의대생 TV〉를 기획하고 운영했다. 〈의대생 TV〉는 '대한민국 No.1 의대생 채널'이라는 슬로건을 가진 국내 최초, 그리고 유일한 의대생 크루형 채널이다. 내가 본과 4학년이었던 2019년 당시 구독자는 5만 명 정도로 지금 여타 채널과 비교하자면 그렇게 특출나 보이지는 않겠지만, 〈의대생 TV〉만큼 구독자가 있는 의료계 채널이 거의 없었다는 것을 감안하면 놀라운 성과였다. 당시에는 의대생이 유튜브를 한다는 것이 놀라웠고 센세이션 그 자체기도 했다. 덕분에 의료계의 관심을 받으며 인터뷰도 몇 차례 진행하기도 했다. 그렇게 나는 평범한 의대생에서 좀 더 특별한 의대생이 될 수 있었다. 많은 우여곡절이 있었지만 결국은 욕망을 이뤄낸 것이다.

여기까지만 해도 특별한 의대생이 되고자 했던 나의 작은 욕망을 이뤘다. 그러나 이 욕망을 이뤘다고 해서 끝내버린다면 딱 거기까지만 이룬 사람이 되었을 것이다. 졸업을 앞둔 의사가 될 예정인 나는 새로운 욕망을 가지기 시작했다. 바로 '아직 어리지만 의사이면서 특별한 능력을 가지고 커리어가 대단한 하이브리드형 인재'가 되는 것이었다. 한마디로 표현하자면 '우리나라에서 유일한, 아주 특별한 의사'가 되는 것이었다. 대학병원에서 의사 수련을 받으면서, 유튜브를 하면서, 책을 써보기로 결심했다. 그렇게 나는 26살이었던 2020년 한 해 동안 다음과 같은 크고 작은 커리어를 쌓을 수 있었다.

- **의대 졸업, 의사면허 취득**
- **서울아산병원 합격, 인턴 의사로 근무**
- **유튜브 채널 〈의대생 TV〉 구독자 10만 명 달성**
  (국내 최연소 의사, 전공의 신분으로서 최초로 실버 버튼 획득)
- **책 《의대생 공부법》 출간**

그렇게 나는 '우리나라에서 유일하고, 아주 특별한 의사'가 되고자 하던 욕망을 이룰 수 있었다. 2021년, 2022년에는 더 큰 욕망들이 있었고 또 이뤄가면서 더 특별한 존재가 되려고 노력하고 있다. 이렇듯 나는 구체적인 욕망을 세우고, 이뤄내고, 그다음에 더 큰 욕망을 세운다. 이것이 나를 성장시킨 가장 중요한 원동력이다.

이번 장에서는 원동력으로서 욕망을 강조했지만 사실 다른 중요한 요소가 더 있다. 대표적으로 내적 동기와 성취, 자기 자극인데 이부분은 3장에서 다루도록 하겠다.

부정적인 에너지까지 원동력으로 승화하라

감정에 빠지지 말고 원동력으로 사용하라

원동력이 될 수 있는 요소는 여러 가지가 있다. 그중 하나가 바로 '감정'이다. 인간은 감정의 동물이고 감정으로 인해 힘을 얻기도 하고 잃기도 한다. 그래서 나는 감정을 '에너지'라고 표현한다. 에너지에는 두 가지 요소가 있는데 하나는 긍정적인 에너지고 다른 하나는 부정적인 에너지다. 앞장에서 말한 욕망은 긍정적인 에너지에 속하고 경쟁심리는 부정적인 에너지에 속한다. 하지만 경쟁심리를 잘 이용한다면 부정적인 에너지라도 나의 원동력으로 활용할 수 있다. 부정적인 에너지를 어떻게 원동력으로 활용할 수 있는지 나의 경험을 들어 얘기해보겠다.

세상이 희망이나 열정, 위로와 격려 같은 긍정적인 에너지만 있으면 아름답겠지만 살아가면서 부정적인 에너지 또한 생길 수밖에 없다. 사람마다 에너지 그릇의 차이는 있지만 한 사람이 처리할 수 있는 에너지의 양은 정해져 있다. 나는 그 에너지 그릇의 크기를 '역량(capacity)'이라고 표현한다.

어떤 사람의 에너지 그릇이 100이라고 했을 때 부정적인 에너지가 30이라면 우리가 사용할 수 있는 에너지는 70이다. 만약 부정적인 에너지가 60으로 커진다면 사용할 수 있는 에너지는 40으로 작아질 것이다. 우리는 어떠한 목표를 위해 한정된 에너지 자원을 활용해야 하는데, 이렇게 부정적인 에너지에 많은 힘을 쏟게 된다면 너무 아깝다. 그래서 우리는 부정적인 에너지까지 원동력으로 승화해야 한다.

1등이었던 나의 고등학교 시절을 빗대어 설명하겠다. 먼저 부정적인 에너지에는 1등이 2등에게 받는 '시기'와 '질투' 또는 2등이 1등에게 받는 '견제'와 '경계'가 있다. 물론 선의의 경쟁을 하면서 사이좋게 지낼 수는 있지만 그것은 너무 이상적인 얘기고, 실질적으로는 1등이 되고 싶은 공통의 욕망이 있다면 서로의 입장은 상충할 수밖에 없다. 만약 1등이 시기와 질투를 의식하고 이에 지나치게 스트레스를 받는다면 공부 시간이 줄어들 것이고 집중도 잘 안 될 것이다. 하지만 상대의 시기와 질투를 의식하되 '그만큼 내가 공부를 잘한다는 것'이라며 긍정적으로 겸허히 받아들인다면 더 잘하기 위해

1등을 유지하고 싶을 것이다. 이렇게 된다면 시기와 질투의 부정 에너지를 1등을 유지하려는 노력의 원동력으로 전환할 수 있다.

마찬가지로 2등이 1등의 견제와 경계를 지나치게 의식하고 악에 받친다면 더 강박적으로 변하면서 자기 통제력을 잃을 수 있다. 그러나 그 견제와 경계를 의식하되 '그만큼 내가 두렵다는 것'이라고 받아들인다면 상대를 넘어서기 위해 더 노력할 것이다. 이렇게 된다면 견제와 경계의 부정 에너지를 경쟁의식으로 작용하여 1등이 되기 위한 원동력으로 전환할 수 있다.

1등을 유지하기 위해 고군분투하며 느낀 부정 에너지는 비단 시기와 질투뿐만이 아니다. 대표적인 감정으로 '열등감'이 있다. 1등인 내가 과연 어디서 어떻게 열등감을 느꼈을까? 예를 들면, 내가 '수학 고수'였던 것처럼 '물리 고수', '지구과학 고수' 같은 특정 과목에서 빛을 발하는 친구들이 몇 명 있었는데 이들은 나보다 해당 과목의 성적이 약간 더 높았다. 그래서 특정 과목별로도 나보다 높은 상대를 찾아 라이벌로 지정했고 그들을 넘어서려고 경쟁했다. 이미 전체 1등임에도 불구하고 원동력을 얻기 위해 스스로 경쟁 상대를 찾았던 것이다.

그렇게 나는 전체 평균 1등뿐만 아니라 과목별로도 1~2등을 차지할 수 있었다. 우리 학교에서 나에게 열등감이라는 원동력을 줄 상대가 없어졌을 때, 나는 학교 밖에서 나의 상대를 찾았다. 대형 학원에서 더 잘하는 친구들을 만나 경쟁했고 더 강해질 수 있었다. 이렇듯 나는 나를 자극시켜줄 상대를 찾아 일부러 경쟁심리를 유도했다.

열등감에 대해서 첨언을 하자면 열등감은 비교에서 오는 부정적인 에너지다. 비교를 하지 않는 것이 가장 좋겠지만 우리는 사람이기에 당연히 자신과 남을 비교하게 된다. 내가 남보다 못났다면 열등감을 느끼게 되겠지만 '더 노력해서 저 사람보다 더 잘나게 되어야지.'라는 다짐을 하며 자기 자극(self-stimulation)으로 승화한다면 아주 강력한 원동력이 될 수 있다.

다음으로는 '분노'가 있다. 늘 공부가 잘되는 것은 아니다. 평소에는 한 번에 2시간 이상 집중할 수 있지만 컨디션에 따라 30분 이상 집중이 되지 않는 날도 있다. 그럴 때 나는 '아니, 어제는 2시간 집중했는데 오늘은 왜 30분밖에 집중을 못하지? 내가 이것밖에 안 되는 사람인가?'라고 자책하며 스스로에게 분노를 느꼈다. 그때마다 분노를 집중 에너지로 전환하여 2시간까지는 안 되더라도 1시간까지는 집중 시간을 늘릴 수 있었다. 그렇게 나 자신을 한번 이겨내면 그 이후는 다시 평정심을 찾고 나의 루틴대로 흘러갈 수 있었다.

마지막으로 느낀 부정 에너지는 '불안'이었다. 본인이 1등이 아니더라도 우리는 우리의 위치를 지켜내고 싶어 한다. 나보다 아래 위치에 있는 사람들이 내 자리를 호시탐탐 노려보고 있기에 누구나 불안감을 느낄 수밖에 없다. 나는 여기서 사고의 전환을 했다. 만약 내가 이 상태에서 불안감이 아닌 안정감을 느낀다면 내 위치를 빼앗기는 것은 시간문제라고 생각했다. 즉, 자만은 나태의 지름길이라는 것이다. 나의 목표는 더 위로 올라가는 것이었기에 안정감보다는 불안감을 느끼는 것이 훨씬 더 이득이라고 생각했다. 나는 궁극적으로 내 마음의 평안보다는 목표를 달성하는 것이 더 중요했기 때문이다. 목표 달성은 무엇보다도 우선순위에 있는 최고의 가치다.

부정적인 에너지는 있을 수 있지만 그것에 빠지면 안 된다. 감정이란 것은 한번 빠져버리면 나오기 힘들다. 어떤 순간에 아쉬웠던 적이 있었는데 그걸 나중에도 두고두고 아쉬워하는 경우가 다들 한 번쯤은 있지 않았는가? 아쉬워한다고 바뀌는 것은 없다. 나의 전체 에너지를 갉아먹을뿐더러 새로운 목표를 향해 나아가는 데 방해가 된다. 하지만 방향만 다를 뿐 부정적인 에너지 또한 힘이 있는 에너지다. 따라서 방향만 살짝 바꿔주는 사고의 전환을 한다면 오히려 이를 원동력으로 훌륭하게 사용할 수 있다.

때로는 부정적인 에너지가 긍정적인 에너지보다 더 강하게 작용한다. 긍정적인 에너지는 오히려 과할 경우 안락함을 주어 나태해질 수 있다. 목표를 이루고자 하는 사람들에게는 가장 안 좋은 현상이라고 말할 수 있다. 따라서 부정적인 에너지는 그렇게 나쁘게 볼 것이 아니라 잘 활용하면 긍정적인 에너지보다 더 큰 효율을 낼 수 있는 잠재력이 있다. 우리는 사고의 전환을 통해 감정을 통제할 수 있으며 목표를 이루는 과정에서 훨씬 더 좋은 결과를 낼 수 있을 것이다.

치열하게 살지 않으면
다시는 이룰 수 없다

치열하게 살아야 하는 이유

"한 번 사는 인생, 치열하게 살아라."

후회 없이 열심히 살라는 이 말은 흔하디 흔한, 어쩌면 뻔한 격언이 되었다. 자주 듣는 말이지만 그다지 동기부여가 되지 않는다. 치열하게 살아야 하는 것은 누구나 다 알고 있는 사실이다. 우리는 왜 치열하게 살아야 되는 것일까? 왜 노는 것을 포기 하면서 공부를 해야 하고 하기 싫은 일을 해야 하는 걸까? 이럴 때는 수학과 논리학에서 쓰는 증명법 중 하나인 귀류법을 사용해서 생각해보면 좋다. 귀류법이란 어떤 명제의 결론을 부정함으로써 가정이 모순됨을 이끌어 내어 간접적으로 처음의 명제가 참임을 증명하는 방법이다.

- **명제** 한번 사는 인생, 치열하게 살아라
- **명제 부정** 치열하게 살지 않는다면 우리가 원하는 목표를 이룰 수 있을까? 그리고 인생은 한 번뿐인데, 두 번째 인생이란 있을까?
- **결론** 우리가 목표를 이루기 위해서는 치열하게 살아야 한다

그래서 나는 목표를 이루고 싶은 자들에게 이렇게 바꿔서 얘기하고 싶다.

"치열하게 살지 않으면 다시는 이룰 수 없다."

치열하게 산다는 것은 무엇일까? 바로 목표를 향해 계속 달려간다는 뜻이다. 단순히 시간에 쫓기며 바쁘게만 사는 것이 치열하다는 게 아니라는 뜻이다. 여기서 핵심은 방향과 밀도다. 본인이 설정한 방향대로 움직이면서 밀도 있게 나아가는 것이다.

회사에서 일하는 직장인으로 예를 들어보자. 회식이 잦고 업무 강도가 높지만 월급이 높은 조건의 회사에서 다음과 같은 A, B, C 3명의 사원의 욕망이 있다고 가정해보자.

- A의 욕망 : 꼬박꼬박 월급을 받으며 편하게 지내고 싶음
- B의 욕망 : 빨리 승진해서 높은 자리까지 올라가고 싶음
- C의 욕망 : 최대한 많이 배워서 본인 회사를 차리고 싶음

A는 회사에서 주어진 근무 시간 내에 주어진 업무만 잘 해내도 충분히 치열하게 사는 것이다. 회식은 필수적인 것만 참석해도 부담이 없고 동료들과는 나쁘지만 않게 지내도 큰 문제가 없다. 퇴근 후나 주말에는 다음 근무를 위한 충전으로 여가시간을 보내면 된다.

반면에 B는 A보다 훨씬 더 업무를 완벽하게 수행하고 출근은 남들보다 더 일찍, 퇴근은 남들보다 더 늦게 하며, 모든 동료들과 좋은 관계를 유지하면서 상사들의 눈에 들어야 할 것이다. 또한 많은 이야기가 오가며 동료 이상의 친분을 쌓을 수 있는 회식에는 웬만하면 다 참석하며 그 자리에서도 항상 긴장하며 분위기에 잘 녹아들면서도 행동거지를 조심해야 할 것이다. 더 나아가 회사 내부 정치 상황을 파악해서 더 가능성이 높은 라인을 타고 주말에는 상사들과 골프를 치는 등 추가적인 사회생활이 있을 수도 있다. B는 이렇게 살아야 치열하게 살았다고 할 수 있다.

C는 어쩌면 욕망의 크기로만 따지면 B보다 클 수 있다. 하지만 방향이 아예 다르다. C는 A처럼 주어진 업무만 해도 된다. 하지만 본인의 회사를 차리기 위해서는 본인의 업무만이 아닌 다른 부서 동료들이 어떤 일을 하는지, 어떤 생각을 하는지 알아보는 것이 필요할 것이다. 무엇보다도 회사의 경영진들이 어떻게 회사 전체를 운영하고 있는지, 어떤 사람을 채용하는지, 어떻게 그리고 얼마나 수익을 내고 있는지, 그 전체적인 시스템을 알아봐야 할 것이다. 이러한 것들은 경영진이 아닌 웬만한 상사들도 모르기에 스스로 공부하고 알아보기

위해 새로운 노력을 해야 한다. 근무를 하면서 근무 외의 것을 해야 하기 때문에 시간을 밀도 있게 보내는 것이 목표를 더 빨리 달성하는 방법이라고 할 수 있다. 이것이 C가 치열하게 사는 방법이다.

위 3명의 예시에서 각자 치열하게 사는 방법이 있다. 이 3명의 공통점은 그렇게 치열하게 살지 않는다면 본인의 욕망을 이룰 수 없다는 것이다. 욕망의 크기는 중요하지 않다. 방향과 밀도가 어떠냐가 중요하다.

누구나 열정적으로 살고 싶어 한다. 하지만 그러지 못하는 사람이 대부분이다. 그 이유는 본인이 구체적으로 어떤 욕망이 있는지 모르는 경우가 많고, 안다고 해도 끝까지 가지 못하고 이내 지쳐버리기 때문이다. 앞장에서 말한 욕망을 우선 구체화해보고 뒷장에서 이야기할 여러 기술들을 종합해서 욕망을 실현시켜보길 권한다. 예상컨대 이 책을 읽는 독자들은 대부분 어떠한 욕망을 가지고 목표를 이루고자 하는 사람들일 것이다. 그분들을 위해 치열하게 사는 실전 기술을 몇 가지 소개하고자 한다.

첫째, 일을 나눠서 생각하기다. 나는 유튜브 구독자나 SNS 팔로워에게 "어떻게 그렇게 치열하게 살면서도 무엇 하나 놓치는 것 없이 다 해낼 수 있느냐?"는 질문을 많이 들어 왔다. 나는 아래처럼 답했다.

"저는 모든 것을 필요한 일과 필요 없는 일, 이렇게 2가지로 나눠서 생각합니다. 필요한 일은 또 지금 당장 해야 할 일과 당장 하지 않아도 되는 일 2가지로 분류합니다. 지금 당장 해야 할 일들에서는 나름의 기준으로 우선순위를 정하여 가장 효율적인 일 처리 순서를 정합니다. 이렇게 모든 것을 중요도 순서에 따라 일을 처리하다 보면 놓치는 것 없이 다 할 수 있습니다. 이것이 제가 치열하게 살면서도 모두 다 해낼 수 있는 비결입니다.”

둘째, 자기 자신에게 반복적으로 암시를 하는 방법이다. 가끔은 모든 사람이 그렇듯이 나 또한 지칠 때가 있다. 그럴 때는 내가 만든 명언을 떠올린다.

“지금 이 순간을 이겨내지 못하면
거기까지가 내 한계다.”

이 명언을 나는 항상 마음속에 달고 살아간다. 이 명언 하나면 아무리 지쳐도 다시 마음을 다잡고 나아갈 힘이 생긴다. 나는 나의 한계를 뛰어넘고, 더 성장하고, 궁극적으로 성공하고 싶기 때문이다. 인간은 학습 능력이 있는 동물로서 오늘은 어제보다 하루 더 살았으므로 더 나아야 한다.

‘오늘이 어제보다 못하다면 내 노력과 의지가 부족했던 것이다.’ 나는 이렇게 나 자신을 넘어서기 위해 채찍질을 하면서 늘 치열하게 살아올 수 있었다. 병원 일을 하면서 동시에 유튜브, 마케팅 등 사업을 병행하며 코피를 쏟던 그 시절을 생각하면 지금도 아찔하지만 그래서 지금의 내가 있고 이렇게 책을 쓰고 있다. 그리고 나는 지금도 멈추지 않고 새로운 일에 도전하고 있다.

셋째, 나만의 에너지 원천을 찾는다. 나는 사람에게 힘을 받는 성격인데, 그중에서도 단연 가장 큰 에너지 원천은 바로 가족이다. 나를 키워주고 존재하게 해준 가족을 지키기 위해서 열심히 살아야 한다.

앞만 보며 달리다 보면 고난이 오기 마련이다. 그 고난을 이겨내면서 우리는 성장할 수 있다. 반대로 얘기하면 고난이 없다면 우리는 성장할 수 없다. 따라서 고난은 우리를 성장하게 해줄 수 있는 아주 고마운 존재다. 어떤 고난이 오든 회피하지 말고 직면하자. 지금 당장 열정을 다하지 않으면 시간은 되돌아오지 않는다.

꾸역꾸역 버티며 살고 있어요.
삶이 너무 힘들 때
어떻게 해야 할까요?

당신에게 묻고 싶습니다. 지금 상황을 꾸역꾸역 버티는 이유가 무엇인가요? 하기 힘들다면 그만두면 되죠. 우리가 어떤 상황을 버티는 이유는 내가 원하던 목표였거나, 이걸 버티면 얻는 게 있거나, 남들처럼 살거나 셋 중 하나입니다. 내가 왜 지금 이걸 선택했는지 그 초심을 생각해보세요.

만약 나를 힘들게 하는 것에 대해 이유를 찾는다면 적어도 그 힘듦을 버텨내는 힘을 다시 얻을 수 있을 겁니다. 힘듦에도 여러 종류가 있어요. 버텨내면 발전하는 힘듦이 있는 반면, 버텨내도 얻을 게 없는 힘듦이 있죠. 무조건 버티는 것보다는 지금 이 힘듦이 어떤 힘듦인지, 이걸 이겨내면 무엇을 얻을 수 있는지 평가하는 자세도 필요합니다. 단순히 '남들이 버텼으니까 나도 버텨야지.' 이건 좋지 못한 생각인 것 같습니다. 인생을 버티려고 사는 거 아니잖아요. 무언가 목표를 이뤄내고 싶어서 버텨내는 그림이 되어야죠.

제가 자는 시간을 쪼개어 힘듦을 버텨내는 이유는 욕망이 있어서예요. 의사도 하고 싶고, 사업도 하고 싶고, 돈도 벌고 싶고, 번 돈으로 좋은 곳에서 휴식도 취하고 싶고, 친구도 계속 만나고 싶고요. 하나 챙기기도 힘든 삶이라고 하잖아요. 그 말을 돌려 말하면 내가 노력하면 여러 가지를 다 취할 수 있는 거죠. 그 정도로 내가 원하는 게 있다면 내 인생을 걸고 치열하게 도전해보는 게 멋진 삶인 것 같아요. 그리고 저는 멋진 삶을 살고 싶어요. 한 번 사는 인생이니까요.

마지막으로, 간혹 위로를 받기 위해 질문하신 분과 같은 질문을 하는 경우가 있습니다. 위로와 따뜻한 격려의 말도 물론 힘을 얻기에 좋지만 가끔은 이를 경계해야 할 때도 있습니다. 나에게 위로되는 말을 찾다 보면 자기 합리화가 생기게 되기 마련입니다. 목표가 있는 사람들에겐 그게 제일 위험해요. 면접이나 말하기 시험 같은 경우에는 자신감이 중요합니다. 자신감 같은 감정이 투영되는 시험이고 그것이 중요한 평가 요소 중 하나이기 때문입니다.

하지만 공부는 다릅니다. '나는 시험 잘 볼 수 있어!'라고 생각하는 자신감이 시험 전에 중요하다고들 하는데 이건 듣기 좋은 말일 뿐이에요. 누가 봐도 좋은 말 같잖아요? 자신감으로 시험 더 잘 보는 거 아닙니다. 시험이란 것은 나의 지식을 평가하는 것입니다. 자신 있다고 모르는 게 갑자기 생각나거나 암기했던 단어가 떠오르는 건 아니거든요. 오히려 자만으로 방심하고 틀릴 확률이 생기는 겁니다. 자기 위안보다는 공부 현실감을 갖추어 어느 정도의 공부량이 필요한지 가늠해 자신의 목표를 달성하고 후회 없이 살기를 바랍니다.

3장

스스로 목표를 수립하고
달성한다

꿈을 갖는 것은 인생을 완벽하게 사는 방법 중 하나다.
목표를 하나씩 달성하다 보면
어느덧 꿈에 가까워질 것이다.
현재의 순간을 보람차게 살았다고 뿌듯해하는
성공한 미래의 내 모습을 상상하라.
힘든 순간을 참고 나아가면 미래가 달라진다.

꿈은 추상적으로,
목표는 구체적으로

꿈은 미래지향적이며 목표는 현재지향적이다

"당신의 꿈은 무엇입니까?"

내가 새로운 사람들을 만나면 항상 던지는 질문이다. 이 질문을 받은 대부분은 대답을 잘 하지 못했다. 왜냐하면 평소에 꿈에 대해 별로 생각하지 못하기 때문이다. 눈앞에 있는 일들을 처리하기에도 급급한 요즘 세상 탓이기도 하다. 물론 꿈이 없는 사람은 없겠지만 평소에 본인의 꿈에 대해 고민하고 그것이 마음속에 완전히 정리된 사람은 드물다. 자신의 꿈이 무엇인지 명확하지 않으면 현재 하고 있는 일이 스스로 납득이 되지 않고 그저 하루하루를 의미 없게 살아가게 된다.

의미 있는 인생을 살고 싶다면 꿈을 가져야 한다. 우리는 꿈을 꾸면서 하루하루 즐겁다는 것을 깨달으며, 그 꿈이 조금씩 성취되는 것을 보면서 자신이 성장하고 있음을 느낀다. 결국 우리를 행복하게 하고 위대하게 만드는 것은 꿈과 목표다. 무언가를 이루기 위해 꿈과 목표를 정해야 하는데 그 전에 이 둘의 의미를 구별할 줄 알아야 한다. 꿈은 '내가 어떻게 살아갈지에 대한 방향'이고 목표는 '꿈을 이루기 위해 설정하는 여러 단계'다. 다시 말해, 꿈은 나의 가치관이 투영된 미래지향적 단어고 목표는 나의 역량과 포부가 투영된 현재지향적 단어다.

꿈을 이루기 위해서는 여러 목표를 설정하고 이루어야 하며 최종 목표가 달성됨으로써 꿈을 실현하게 되는 것이다. 목표는 꿈을 위해 존재하고 그러기에 꿈이 있는 사람은 시련이 와도 다시 일어설 원동력이 있다. 방향성 없는 목표는 이루어봤자 큰 의미가 없다. 따라서 우리는 목표를 논하기 전에 먼저 자신의 꿈이 무엇인지에 대해 고민해야 한다. 내가 가장 중요하게 생각하는 가치관이 무엇인지 알아야 하고 어떤 인생을 추구하는지 정해야 한다.

그렇다면 꿈은 어떻게 찾아야 할까? 꿈이란 것은 추상적일수록 좋다. 꿈을 명확히 알아야 한다는 위의 말과 약간 모순된 말로 들릴 수 있겠다. 더 정확히 표현하자면 '되도록 끝이 없는 목표'를 가지라는 뜻이다. 꿈이 추상적일수록 원동력을 지속적으로 부여받을 수 있고 이에 더 큰 성과를 이뤄낼 수 있다. 예를 들어, 100m 달리기에 출전하는 육상선수의 꿈이 다음과 같다고 하자.

> ● 육상선수 A의 꿈 **국내대회 1위**
> ● 육상선수 B의 꿈 **국제대회 1위**
> ● 육상선수 C의 꿈 **세계 신기록을 달성하는 것**

　육상선수 A, B, C 모두 큰 꿈을 가지고 있고 다들 비슷한 목표를 설정하고 비슷한 과정을 거칠 것이다. 그러나 A의 꿈은 국내대회 1위이고 만약 이것을 이룬다면 국제대회 1위로 꿈을 키워갈 수 있겠지만 처음부터 국제대회 1위의 꿈을 가진 B보다는 조금 더 늦게 꿈을 이룰 수 있다. 왜냐하면 인간은 어떠한 큰 목표, 즉 꿈을 이뤘다고 생각하면 긴장을 풀어버리는 습관이 있기 때문이다. 꿈과 목표를 이뤄가는 중간에 흐름이 끊기면 다시 올라가는 데 더 많은 시간이 걸릴 수 있다.

　한편, A, B와 달리 C는 단순히 1위에 그치지 않고 세계 신기록 달성이라는 '끝이 없는 목표'를 가지고 있다. 세계 신기록이라는 것은 한번 깨더라도 한 번 더 0.01초라도 단축하면 또다시 깰 수 있기 때문에 이룰 수 있는 꿈이면서도 이루고 나서도 계속 이룰 수 있는 꿈이다. 이러한 꿈을 가지고 있다면 A, B보다 더 롱런할 수 있으며 더 노력하여 역사에 남을 선수가 될 가능성이 높을 것이다. 따라서 꿈은 영원히 닿을 수 없는 추상적 가치로 잡을수록 우리는 더 오래 노력하고 더 크게 성공할 수 있다.

꿈은 추상적이어야 하는 것과 달리, 목표는 구체적이어야 한다. 목표는 꿈을 향해 가는 길에 있는 하나하나의 단계이자 마일스톤 (milestone)이다. 우리가 제주도에서 한라산을 등반한다고 가정해보자. 한라산의 정상이 해발 2,000m에 달하는데, 산악 코스마저 험난하여 젊은 남자 성인도 정상까지 도달하는 것이 힘들다. 한라산을 비롯한 여러 산이 마찬가지겠지만 한라산에는 해발 100m마다 표시가 되어 있다. 힘든 정상까지의 과정에서 중간중간 이렇게 마일스톤이 있음으로써 우리는 현재의 위치를 가늠할 수 있고 얼마나 더 가면 정상까지 도달할지 예측하며 힘을 안배할 수 있다. 1,700m 지점에서 힘이 들었다가도 1,800m라는 구체적인 다음 목표가 있으면 더 힘을 내서 갈 수 있는 것이다. 그렇게 목표를 하나씩 이루다보면 해발 2,000m 정상 백록담이라는 최종 목표, 즉 꿈을 이룰 수 있다.

하나의 목표를 이루면 우리는 그곳에서 성취감을 얻는다. 그 성취감을 통해서 다음 목표까지 다시 달릴 수 있는 힘을 얻을 수 있다. 만약 목표가 명확하지 않다면 우리는 힘을 얻을 타이밍을 잡지 못하고 결국 최종 목표까지 다다르지 못할 수 있다. 한라산을 등반하면서 힘든 상태인데 지금 내가 어느 지점인지 모른다면 과연 정상까지 오를 힘이 생길까? 웬만한 체력과 경험을 가진 등산가가 아닌 이상 굉장히 힘들 것이다. 우리는 목표를 구체적으로 설정해야 한다. 계획에 구체적인 일정을 포함시키면 목표 달성 가능성은 더 높아질 것이다. 그러고 나서 필요한 시간과 노력을 쏟아부어라.

꿈을 이루려면 공부해야 한다

그렇다면 공부와 꿈이 대체 무슨 상관이 있을까? 다들 저마다의 꿈이 있을 것이다. 누군가는 억만장자 이상의 부자가 되고 싶을 수 있고, 누군가는 전 세계 사람들이 우러러보는 멋진 기업가가, 누군가는 권력을 가진 정치인이 되고 싶을 수 있다. 어떤 꿈이든 간에 그 꿈을 이루기 위해서는 반드시 공부가 필요하다.

성공한 가수가 되고 싶다면 노래를 부르는 것 외에 자신이 추구하는 음악과 관련된 분야에 대해서도 알아야 한다. 작사나 작곡, 심지어는 연예계나 미디어 분야에 대해서도 전반적인 공부가 필요한 법이다. 이 세상에 공부 없이 이룰 수 있는 꿈은 단언컨대 없다.

즉, 공부는 꿈을 이루기 위해서 반드시 해야 하는 것이다. 반대로 얘기하자면 꿈이 없다면 공부를 하지 않게 된다. 무언가를 이루기 위해 공부할 이유가 없기 때문이다. 우리는 공부를 잘하는 것도 중요하지만 사실 그보다 더 중요한 것은 '왜 공부를 해야 하는가?'에 대한 이유를 찾는 것이다. 그 이유를 스스로 깨닫는다면 당신은 꿈을 이루기 위해 그 누구보다 열심히 공부를 할 수 있을 것이다.

꿈을 가져라. 그리고 꿈을 이루기 위해 공부를 하자.

단계적인 목표는
훌륭한 자기 자극제

수학 60점짜리가 100점이 되기까지

내가 고등학교 시절 학원에서 있었던 일이다. 앞에서 말했듯이 나는 초등학교 시절부터 소위 '수학만 잘하는 애'로 통했다. 나름 중학교 때도 특목고를 준비하면서 '수학만큼은 정말 잘하는 학생'이라는 평가를 받았다. 중3 때 고1 과정까지 선행학습을 마쳤고 학교를 넘어 전국 경시대회에서 수상을 하기도 했으니 말이다. 특목고 입시 실패의 쓴맛을 본 후, 고1이 되어서 본격적인 대학 입시를 준비하기 위해 목동의 유명한 수학 전문 학원으로 옮겼다. 당시 나의 수학 진도는 친구들에 비해 조금 뒤떨어진 편이었다. 나는 고2 1학기 과정까지 한 번 배운 정도였는데 같은 반 친구들은 고2 모든 과정을 배운 상태였기 때문이다.

학원에서는 주 2회 수업을 하고 일요일마다 학원에서 테스트 겸 배움의 목적으로 모의고사 시험을 봤다. 반 전체의 수준을 고려해서 고2 전체 과정 범위로 시험을 봤다. 애초에 배우질 않았기에 잘 볼 수 없었지만 그래도 나름 수학에 있어서는 잘한다는 자부심이 있었다. 문제를 찍는 한이 있더라도 최선을 다해서 머리를 굴리면 그래도 어느 정도는 점수가 나오지 않을까 생각했다.

첫 시험이 끝나고, 반 학생들끼리 서로 시험지를 바꿔서 채점해주는데 내 시험지를 채점해준 친구는 안쓰러운 표정을 지으며 시험지를 내게 건넸다. 그리고 시험지 맨 위에는 60점이라는 엄청난 숫자와 새빨갛게 틀렸다는 표시가 여기저기 그어져 있었다. 선생님이 공개적으로 학생들에게 한 명씩 점수를 물어보는데 대부분 친구들은 84점 정도였고, 나는 내 점수를 차마 말하지 못했다. 태어나서 처음 맞아보는 조촐한 성적이었기 때문에 충격이 컸고 자존심에 큰 스크래치가 남았다.

마음이 상한 채 집으로 돌아와서 그날 하루를 곱씹고 고민했다. '이걸 어떻게 해결해야 할까?' 우선 지금 내가 조촐한 성적을 받은 것은 당연한 것이었고 이제 막 고1이 된 내가 고2 시험을 60점이나 맞은 것도 대단한 것이라고 되뇌었다. 즉, 마인드 컨트롤을 했고 다행히 긁힌 자존심에 휘둘리지 않게 되었다. 그러고는 아주 구체적인 목표를 세웠다. 2개월간 고2 2학기 과정을 배우면서 같은 반 친구들의 평균 점수인 80점대까지 성적을 올려보기로 했다. 그리고 지금으로부터 3개월째에는 90점 이상을 맞으며 반에서 1등을 찍고, 4개월째에는 100점을 맞아보는 것을 목표로 했다.

공부의 진정한 재미를 느낀 순간

목표를 이루기 위해 학원 선생님을 따로 찾아갔다. 고2 2학기 과정을 추가로 배우고 싶다고 했으나 그 학원은 워낙 유명하고 잘하는 친구들이 많아 나에게 맞는 반이 없었다. 학원에서는 나보다 한 학년 낮은 중3 친구들이 지금 딱 고2 2학기 과정을 처음 배우고 있다고 했다. 나는 그 반이라도 들어가겠다고 했다. 나는 반의 수준을 따라가기 위해서 남들보다 더 열심히 노력해야 했고 방법은 한 학년 아래 후배들과 수업을 같이 듣는 것밖에 없었다.

당시 17살이었던 나의 열정에 학원 선생님은 감탄했는지 그냥 무료로 해줄 테니 수업을 들으러 와도 된다고 했다. 돌이켜보면 그때 그 순간이 지금의 내가 있을 수 있게 만든 성공의 여러 요소 중 하나이지 않았을까 싶다. 한 학년 낮은 친구들과 들었던 그 수업이 너무나도 즐겁고 고마웠다. 자존심보다 중요한 것은 나의 발전이었다.

그렇게 첫 2개월간은 모의고사에서 계속 6, 70점대를 맞았다. 나는 아직 덜 배웠기에 부족한 게 당연했으니 개의치 않았다. 시험이 끝나면 따로 남아서 선생님께 질문을 하고 집에 가서 오답노트를 정리하면서 다음에는 이런 비슷한 유형이 나오면 반드시 문제를 맞혀야겠다는 일념으로 공부했다. 시간이 갈수록 점점 한두 개씩 더 맞기 시작했고 2개월 차에 드디어 체면이 서는 평균 80점에 도달했다. 매주 하나씩 더 맞혀가며 나보다 성적이 높았던 친구들을 한 명씩 제쳤다. 형용할 수 없는 성취감이 나를 지배했다.

100점을 맞겠다는 4개월 차의 목표를 3개월 차에 달성하는 것으로 앞당겼고 결국 나는 3개월 차에 100점을 맞을 수 있었다. 다른 친구들은 여전히 90점 미만이었다. 그 이후로 3년간 나는 그 반에서 계속 1등을 했다. 결국 이러한 마음가짐과 악바리 근성으로 대학 입시에서도 제일 좋은 결과를 냈다. 물론 그 친구들도 잘하는 친구들이라 다들 서울대, 연세대, 고려대에 합격했다. 하지만 나는 그들보다 낮은 점수에서 시작해 목표치를 올리기 위해 적극적으로 노력했기에 의대에 합격할 수 있었던 것 같다.

만약 여기서 내가 구체적인 목표를 세우지 않고, 그저 '성적을 올려서 나중에는 반에서 1등을 할 거야!'라고만 생각했으면 이루지 못했을 것이다. 이루더라도 3개월이라는 짧은 시간 안에 이렇게 1등까지 오르지는 못했을 것이다. 구체적으로, 그리고 단계적으로 목표를 설정했고 그 과정에서 조금씩 오르는 성적을 보며 성취감을 느꼈다. 이것이 다음 목표를 향해 가는 데 큰 힘을 줄 수 있다. 공부의 재미를 진정으로 느낀 순간이었다. 앞에서 언급한 '양성 피드백(positive feedback)'이라는 단어가 있다. 이전의 결과가 다음에 더 큰 결과를 도출하게 되는 형태를 뜻하는데, 나는 공부에 있어서 무언가를 이뤄냈던 성취감을 계속 양성 피드백으로 작용하여 공부를 즐길 수 있었다.

또한 위에서 말했듯이 나는 목표를 구체적이면서도 단계적으로 설정했다. 여기서 또 중요한 포인트가 있다. 바로 '단계적인 목표'다. 나는 목표를 장기, 중기, 단기 3가지 단계로 크게 나눠서 생각한다. 예를 들어, 0에서 시작하여 100까지 간다고 했을 때, 어떤 사람은 중간 목표를 50 하나만 잡고 어떤 사람은 중간 목표를 25, 50, 75로 총 3개 잡는다고 해보자. 어떤 사람이 100까지 더 빠르게 그리고 최종적으로 갈 수 있을까?

전자보다는 후자가 성공할 가능성이 높다. 중간 목표까지의 거리가 너무 멀면 힘이 빠질 수 있고 혹시라도 중간에 실수가 있었다면 그것을 바로잡는 데도 시간이 오래 걸릴 것이다. '천 리 길도 한 걸음부터'라는 말이 있다. 너무 큰 목표를 세우다 보면 눈에 보이는 성과가 없기에 더 나아가지 못하고 지레 포기하게 된다. 하지만 중간 목표까지의 거리가 비교적 가깝다면 중간에 성취감이라는 힘을 얻고 더 단단하게 그리고 더 빠르게 배우며 나아갈 수 있다. 따라서 목표를 세웠다면 단계적으로 접근하는 것이 좋다.

장기 목표를 위한 단기 목표 설정은 훌륭한 자기 자극제(self-stimulant)
며 그것은 자신의 역량을 고려하여 설정해야 한다. 우선 자신의 역
량을 객관적으로 판단할 수 있어야 하고 이후 조금씩이라도 본인
의 한계를 넘어서는(step up) 목표를 설정하여 본인의 그릇을 늘려가
야 한다. 만약 욕심으로 인해 본인의 역량보다 목표를 크게 잡아 무
리한다면 실질적인 도움도 안 될뿐더러 자만 혹은 자괴감에 빠지기
마련이다. 각각의 기간별 목표와 목표 설정을 위한 구체적인 예시는
다음과 같다.

> 〔단기 목표 예시〕
> 첫째 날에 1시간 동안 수학 문제를 10문제 풀 수 있었다면, 둘째 날에
> 는 11문제를, 셋째 날에는 12문제를 풀어내면서 속도를 조금씩 높인
> 다. 만약 셋째 날에 12문제를 풀지 못했다면 넷째 날에 다시 12문제에
> 도전한다. 넷째 날에 12문제에 성공하면 다섯째 날에 다시 13문제로
> 목표치를 늘려본다.

먼저 단기 목표다. 기간은 1시간에서 1주에 해당한다. 단기 목표
단계는 목표를 이루는 데 가장 기본적인 요소이면서도 중요한 단계
이다. 아주 조금씩이라도 목표치를 늘려가야 하는 것이 포인트다.
우선 자신의 역량을 객관적으로 판단하는 것이 필요하고, 그 역량에

따라 본인의 한계를 조금씩 넘어서도록 목표를 설정해야 한다.

〔중기 목표 예시〕

첫째 날에 1시간 동안 수학 문제를 10문제 풀었는데, 일주일째 되었을 때 15문제까지 풀 수 있게 되었다. 하지만 채점을 해보니 푸는 속도만 늘어났지 처음보다 더 많이 틀리고 있다는 사실을 알았다. 다시 돌아와서 이번에는 1시간에 13문제만 풀되 정확도를 높이는 것을 목표로 했다. 다 맞히면 그다음에는 1시간 동안 14문제를 풀되 모두 맞는 것을 목표로 하고, 그렇게 1주가 지났을 때는 15문제 이상 성공시키는 것을 목표로 한다. 2주에는 20문제, 3주에는 25문제, 마지막 1개월이 지났을 때는 1시간 동안 30문제를 모두 풀되 다 맞히는 것을 목표로 삼는다.

　다음은 중기 목표다. 기간은 1주에서 1개월에 해당한다. 단기 목표에서 어느 정도 역량을 늘려왔다면 중기 목표 단계에서는 단기 목표 때의 성과를 돌아보며 자기 평가와 피드백을 한다. 이를 통해 목표를 재정립하고 성장 수치를 계산하며 이전보다 더 탄탄한 단기 목표를 세운다.

〔장기 목표 예시〕

현재 고2, 수학 성적이 3등급인 나의 최종 목표는 서울대학교에 합격하는 것이다. 이 목표를 이루기 위해서는 모든 과목 중에서도 특히 수학을 잘해야 한다. 수능에서 수학 100점을 맞기 위해서는 고2 마지막 모의고사 때 2등급까지 올리고, 겨울방학을 적극 활용하여 고3 첫 모의고사 때 수학 1등급을 받아내며, 고3 마지막 모의고사까지 1등급을 유지하며 성적을 상승곡선으로 만드는 것이 목표다.

마지막으로 장기 목표다. 기간은 1개월에서 1년 이상이다. 장기 목표는 최종 목표인 꿈까지 가기 위한 큰 마일스톤을 제시해야 한다. 단기 목표, 중기 목표에서 단련된 역량을 통해 큰 방향을 잡고 꿈을 향해 나아가야 하는 것이다.

　목표를 설정하고 달성하는 과정의 핵심은 목표를 즐기면서 감사하는 마음을 갖는 것이다. 그리고 목표는 당신 스스로 창조해야만 하는 것이다. 어떤 누구도 대신해줄 수 없으며, 저절로 생겨나는 것도 아니다. 막연한 계획이 아닌 구체적인 청사진을 그리는 것이 원하는 바를 이루는 유일한 길임을 하루 빨리 깨달아야 할 것이다.

적절한 강박관념이 목표를 달성하게 한다

강박을 적절히 이용하라

성공한 사람들의 공통점은 무엇일까? 바로 항상 새벽 늦게까지 일을 한다는 것이다. 대표적으로 간편 송금 서비스를 제공하는 토스 (TOSS)의 이승건 대표가 있다. 이승건 대표는 서울대학교 치과대학 출신으로 치과의사로서 살다가 꿈을 이루기 위해 치과의사를 그만두고 창업가의 길을 걸었다. 물론 그 과정은 쉽지 않았다. 여러 시도를 했고 실패도 많았지만 7전 8기의 도전 끝에 결국 토스를 성공시켰다. 2022년 6월 현재 2,200만 명 이상이 토스 서비스를 다운로드했고 누적 투자금액이 1조 원이 넘는 우리나라의 대표적인 유니콘 기업이 되었다. 이승건 대표의 인터뷰를 보면 본인은 항상 새벽 3~4

시까지 일을 했다고 한다. 또한 이건 나의 친한 지인을 통해 들은 건데 그는 할 일이 많아서 잘 수가 없었고 큰 꿈을 이뤄내려면 이 정도는 당연한 것이라고 했다고 한다.

나 또한 새벽 3시 전에 자본 적이 없다. 의대 본과 3학년이었던 24살 당시 유튜브 채널 〈의대생 TV〉 운영을 시작하면서 힘든 의대 학업을 병행해야 하니 당연하게도 잘 시간이 없었다. 당시 나의 하루 일과는 다음과 같았다. 의대생은 본과 3학년부터 각 과마다 병원 실습을 도는데, PK(polyklinic, 혹은 학생의사라고 불린다)는 아침 7시에 병원에 출근하여 콘퍼런스를 듣고, 회진을 따라 돌고, 수술 혹은 시술 참관을 하며, 중간중간 수업을 듣기도 한다. 일정이 비교적 여유로운 과도 있지만 하루 종일 시간이 없는 경우도 있었고 심지어는 학생인데 새벽까지 당직을 서는 경우도 있었다.

다른 동기들은 이때 책이나 아이패드를 들고 다니며 쉬는 시간이 생기면 틈틈이 공부를 했는데 나는 그 시간에 유튜브 채널 관리를 하고, 광고 계약을 진행하며, 비즈니스 미팅 일정을 잡느라 정신이 없었다. 어떤 때는 실습 중간에 시간이 잠깐 남아서 아산병원 내에서 인터뷰를 진행하거나 미팅을 하기도 했다. 그렇게 저녁 5시가 되어서 퇴근을 하면 부리나케 집으로 달려가 가운을 갈아입은 후 약속이나 미팅을 다녀왔고 밤 11시쯤 돌아와 영상 편집을 했다. 편집을 마친 새벽 2시에는 다음 날 실습 준비와 공부를 해야 해서 늘 새벽 3시가 넘어서야 겨우 잠들 수 있었다. 주말에는 촬영을 나가며 하루종일 사람들을 만났고 마찬가지로 밤늦게 들어와서 편집을 했고 새벽 3시까지 밀린 공부를 했다.

쉴 틈이 없는 이 생활을 어떻게 버텼을까? 나를 버티게 한 이유 한 가지를 뽑자면 '적절한 강박관념'이었다. 만약 내가 설정한 목표를 이뤄내지 못한다면 나는 '그 목표에 도달하지 못한 사람'이 되는 것이고 이뤄낸다면 '그 목표까지도 해낸 사람'이 된다고 생각했다. 어떤 일이 있는데 힘이 든다면 '너 이것밖에 안 되는 사람이었어?'라며 스스로를 채찍질했고 나의 한계를 늘 넘어서려고 노력했다.

더욱이 이번 목표를 해내면 다음 목표를 더 높게 잡을 수 있는데 이번 목표를 해내지 못하면 다음에는 비슷한 목표를 또 못해낼 가능성이 높을 것이라고 생각했다. 병 속에 갇힌 벼룩 일화와 비슷하다. 병 속에 갇힌 벼룩은 더 높이 뛸 수 있음에도 불구하고 병뚜껑에 막혀 높이 뛰지 못한다. 자신의 한계를 무의식적으로 한정시키는 것이다. 우리의 삶도 이와 같다.

물론 강박관념이 과도하면 정신과 육체가 피폐해질 수 있다. 나 또한 강박관념에 사로잡혀 무자비하게 내 몸을 혹사했던 적이 있다. 당시 많은 목표를 이루고 크게 성장했지만 길게 가지는 못한다. 결국은 내 몸이 온전해야 무엇이든 할 수 있기 때문이다. 또한 강박관념이 과도하면 아무리 큰 목표를 이루고 성공을 해도 부족하다는 생각에 허탈감에 빠질 수 있다. 우리의 목표는 성공으로 비롯된 행복인데 이렇게 되면 모든 것이 무의미하게 된다.

따라서 나는 자신의 역량을 파악하고 그보다 약 10%만큼 높은 목표를 잡는 것이 적당하다고 생각한다. 성공을 위해서 약간의 강박관념이 필요하면서도 실패하더라도 좌절감이 없는 정도의 수준이 딱 110%다. 만약 10% 높은 목표를 이룬다면 나의 역량은 1.1배가 된다. 어쩌면 작은 숫자처럼 보일 수도 있지만 이걸 7번 반복하면 1.1의 7제곱, 약 2배의 역량을 가질 수 있게 된다. 인간은 적응의 동물로 역량이 한번 늘어나면 쉽게 다시 떨어지지 않는다. 그렇게 약간의 강박관념을 가지고 목표를 해나가다 보면 큰 목표에 도달할 수 있고 어느새 역량이 크게 늘어난 자신을 발견할 수 있을 것이다.

$$1.1 \times 1.1 \times 1.1 \times 1.1 \times 1.1 \times 1.1 \times 1.1$$
$$= 1.94877 \text{ (약 2배)}$$

사실 '강박'이라는 단어를 보면 보통 부정적인 느낌을 많이 받는다. 내가 여기서 말하고 싶은 것은 적절한 강제성은 좋은 결과를 가져올 수 있다는 것이지 강박을 통해서 나를 괴롭게 하라는 뜻이 아니다. 출근하기 위해 매일 아침 7시에 일어나던 사람이 있다고 해보자. 출근이라는 강제성이 있으니 매일 일찍 일어나야 했는데 출근을 하지 않는 주말에는 보통 늦잠을 자게 된다. 만약 회사를 그만두고 무직의 상태가 된다면 똑같이 매일 아침 7시에 일어날 수 있을까?

일어나기 굉장히 힘들 것이다.

혼자 공부할 때도 마찬가지다. 학교 수업 시간에는 선생님이 있고 주변 학생들도 있고 쉬는 시간이 정해져 있으니 수업시간에는 집중할 수밖에 없다. 하지만 독서실에서 혼자 공부할 때는 스스로 통제하지 않으면 제대로 공부하기 어렵다. 일요일 오전 9시부터 독서실에 가서 공부하기로 했는데 만약 10분을 늦으면 '10분 정도야 뭐 괜찮지.'라고 넘길 수 있고 그게 점점 늘어나 결국 점심이나 오후에 독서실에 가게 될 수도 있다. 아무도 뭐라고 하지 않기 때문이다.

"강제성이 없을 때 인간은 게을러진다.
따라서 적절한 강제성은 어떠한 목표를
이루는 데 있어 중요하다."

주위 사람들은 나의 일상을 보며 강박관념으로 인해 떨어지는 체력이나 스트레스에 대해서 어떻게 관리하는지 질문을 굉장히 많이 한다. 가장 중요한 원칙은 강박으로 인해 건강을 잃거나 극심한 스트레스로 인해 본인을 잃어버리면 안 된다는 것이다. 체력과 건강은 다르다. 체력을 남들보다 많이 쓰면 그만큼 보충하면 되고 체력을 너무 지나치게만 쓰지 않으면 건강을 잃지는 않는다. 강박관념을 갖는다고 해서 하루에 15시간 쉬지 않고 공부하라는 것이 아니다. 중간에 한 번씩 쉬어줘야 하는데 그것은 사람마다 기준이 다르다. 나 또한 하루 3~4시간 자고 일한다고 해도 체력이 떨어지면 오후에 30분이라도 잠을 보충한다. 이런 식으로 본인을 잘 통제하는 것이 중요하다. 나를 잃지 않는 선에서 최고의 효율을 뽑아내기 위해 나의 역량 내에서 적절한 강박관념을 가지면 좋다는 뜻이다.

다음은 내가 서울아산병원 인턴으로 일하던 시절, 쓰리잡을 병행하며 36시간 당직을 끝내고 돌아와서 새벽 4시에 일을 마치고 잠들기 전에 SNS에 썼던 글이다.

"일을 하든, 공부를 하든, 어떤 목표가 있다면 눈이 저절로 감길 때까지, 필기 글씨가 이상해질 때까지, 말이 헛나올 때까지, 시간이 몇 시인지도 모를 때까지, 몸을 자기 의지대로 조절하지 못할 정도로 지칠 때까지 하게 된다면 눕자마자 바로 곯아떨어질 것이다. 나는 요즘 20초 만에 잠든다. 가끔은 잠들었는지 모를 때도 있다. 누워서 잠들 때까지 그 찰나의 20초가 가장 뿌듯하다. 그 시간이 오늘의 내가 얼마나 열심히 살았는지를 대변한다. 돌려서 말하면 내가 오늘 열심히 살았는지를 알고 싶다면 누워서 잠들 때까지 오늘의 나를 복기해보면 된다. 이렇게 산 지도 벌써 2년이 넘었다. 이 정도 열심히 살면 내일은 또 새로운 발전이 있을 것임을 희망할 자격이 있다고 생각한다."

강박에 시달리는 것이 아닌, 당신이 하고 있는 공부 또는 더 생산적인 일에 활용하여 운명을 개척해 나가기를 바란다.

하루의 시작과 끝에 마인드 세팅하라

쉽지 않은 세상 속에서 성공하려면 마인드가 제대로 장착되어야 한다. 마인드 세팅은 내가 의사라는 직업 외에도 다양한 분야에 도전하게 하는 힘이자, 무슨 일이든 시작할 수 있는 용기를 주었다. 힘들거나 일이 잘 풀리지 않는다면 자신의 마인드부터 다시 세팅하자. 마인드 세팅은 처음에는 실행하기 어렵지만 한번 단단하게 잘 만들어 놓는다면 긍정적인 효과로 나타난다.

나는 하루를 시작하며 다음과 같이 생각한다. 먼저 오늘 하루 할 일과 일정에 대해서 리마인드한다. 오늘의 일정이 바쁜 날이면 마음을 다잡고, 여유 있는 날이면 살아있음에 감사함을 느낀다. 다음으로 오늘의 목표를 설정한다. '오늘은 여기까지 하면 성공이고 이것보다 못하면 실패다.' 이런 식으로 기준을 정한다. 마지막으로 하루를 끝내기 전 자기 평가를 한다. 설정한 목표보다 더 많은 걸 하면 자신의 한계를 넘어선 것이기에 뿌듯하게 잠들 수 있다.

마인드 세팅은 인생에 있어 중요하다. 우리는 우리의 삶에서 분명한 비전이 존재해야 한다. 비전이 있어야 공부하며, 일하며, 다른 목표를 달성하기 위해 노력한다. 그러기에 마인드 세팅은 매일매일 주입해주어야 한다. 다음은 공부나 다른 분야에 도전할 때 다잡으면 좋을 마인드 세팅이다. 자신만의 것으로 바꾸어 다짐해도 좋다. 하루를 시작하며 또는 하루를 끝내며 생각해보기를 바란다.

〔적절한 강박이 필요한 사람들을 위한 마인드 세팅〕

- 힘들지 않은 인생은 없다
- 현재의 힘듦이 결국 나에게 보상으로 돌아올 것이다
- 힘들다는 것은 그만큼 가치 있는 일을 하는 것이다
- 한계를 넘어서면 나의 역량을 늘릴 수 있다
- 오늘은 어제보다 하루 더 살았으므로 더 발전해야 한다
- 편하게 성공하지 못하는 것보다 힘들게 성공하는 것이 더 좋다
- 앞으로 더 많은 고난을 이겨내려면 지금의 고난은 당연히 이겨내야 한다
- 나를 뛰어넘는 것이 곧 성공으로의 길이다

'누구나 누구든 될 수 있다.'

내가 좋아하는 말 중 하나다. 어떤 사람이든 저마다의 욕망을 가지고 꿈을 구체화하고 단계적인 목표를 수립하며, 이를 달성하기 위해 적절하게 강박을 이용한다면 누구나 그 꿈을 이룰 수 있다고 생각한다. 강박은 나쁜 것이 아니다. 그것을 잘 활용한다면 우리는 무한 동력을 가지고 우리의 인생을 빛낼 수 있을 것이다.

항상 공부할 시간이 부족해요.
시간 관리 팁이 있을까요?

시간 관리를 잘하는 방법은 2가지입니다.

첫째, 효율을 높입니다. 집중력을 높여야 하는데 그러기 위해서는 주변의 방해꾼을 제거해야 합니다. 무엇이 나를 가장 방해하는지는 본인이 잘 알 것이고, 그것을 제한하기 위해 자신 나름대로 규칙을 정해야 합니다. 그리고 그 규칙을 지키는 사람은 나의 목표에 대해 열정이 있는 사람이고, 못 지키는 사람은 양심마저 없는 사람이라고 마인드 세팅하세요.

둘째, 시간 총량을 늘려야 합니다. 쓸데없는 딴짓은 하지 마세요. 무엇이 쓸데없는 짓일까요? 바로 나의 목표를 제외한 것 모두가 쓸데없는 짓입니다. 경우에 따라 식사 시간에 맞춰 식사하는 것 즉, 기본적인 의식주도 이에 포함될 수 있어요. 저는 공부할 때 쉬는 시간을 최소화하기 위해 집중이 안 되어도, 화장실이 가고 싶어도 공부 시작 1시간 이내로 일어나지 않으려는 습관이 있었어요. 중간에 일어나 자리를 뜨면 공부의 흐름이 끊기기 때문입니다. 공부 효율도 높이면서 학교 혹은 학원 수업 시간이 보통 50분씩이니까 그 정도는 껌으로 만들어버리는 전략이죠. 사람은 더 큰 극한의 상황이 있으면 그보다 덜한 극한의 상황은 한없이 작게 느끼기 마련이죠. 그래서 나의 그릇을 키우기 위해 매일 극한을 맞이합니다.

'공부도 때가 있다.'는 말이 있죠. 피할 수 없는 공부라면 열심히 하십시오. 열심히 하는 것은 질 수 없는 게임입니다. 성공하면 성공한 대로 좋고 실패해도 그 경험으로 다시 도전하면 성공할 가능성이 높아지며, 실패만으로도 인생의 가치 있는 순간이기 때문입니다. 시간이 갈수록 내 의지대로 살 수 있는 때가 많이 없습니다. 내 의지대로 내 삶을 사는 것은 생각보다 어렵고 그 기회도 많이 없습니다. 할 수 있을 때 해야 합니다. 누구나 다 할 수 있다고 생각해요. 인간의 한계는 없다고 생각하거든요.

우리는 모두 같은 24시간을 삽니다. 육상 선수 우사인 볼트처럼 인간의 한계를 넘어선 사람도 결국 같은 사람입니다. 물론 타고난 재능이 중요한 요소 중 하나지만 저는 '누구나 누구든 될 수 있다.'라는 생각이 지배적이에요. 저는 인생에 목표가 있어야 한다고 생각하거든요. 크게 성공한다 이런 게 아니더라도 목표가 없으면 한 번 사는 인생, 재미가 없을 것 같아요. 본인의 자유의지로 목표를 설정하고 그 목표를 이루어 성공하기를 바랍니다.

4장

중요한 것은
발전의 정도다

결과는 현재의 상태일 뿐
성공이나 실패를 의미하지 않는다.
중요한 것은 오늘이 아닌 내일이다.
목표의 실현은 발전의 정도에 달려있다.
성공은 끝까지 가는 자에게 온다.

발전은
나를 넘어서는 것부터
시작된다

발전이란 무엇인가

발전의 사전적 의미는 '더 낫고 좋은 상태나 더 높은 단계로 나아감'이다. 즉, 발전이란 것은 현재의 상태(status)를 의미하는 것이 아닌 앞으로 나아가는 방향을 의미한다. 많은 사람들이 지금까지 이뤄온 것들에 대해 돌아보며 뿌듯함을 느끼고 안주하는 경우가 많은데 사실 더 중요한 것은 앞으로 얼마나 더 발전하느냐는 것이다. 발전은 내가 성취했던 것이 아닌 앞으로의 방향에서 미래에 성취할 것의 크기다. 다시 말해, 본인이 본인을 뛰어넘는 것이 진정한 의미의 '자기발전'이다.

유튜브 채널 〈의대생 TV〉 구독자들이 나에게 자주 했던 질문이 있다.

'사람들은 대부분 의대에 들어가면 성공했다고 하는데, 동호 님은 행복하신가요?'

10대 후반, 20대 초반에는 성공의 요소 중 가장 큰 것이 대학 혹은 학벌이라고 할 수 있다. 나 또한 의대에 합격했을 당시에는 당연히 만족했다. 하지만 시간이 조금 지나고부터는 의대생이 된 것은 이미 이뤄놓은 것이기에 크게 신경 쓰지 않았고 앞으로는 무엇을 이뤄내야 할까에 대한 고민을 많이 했다.

의대에 입학하고 나서 남들 하는 만큼 공부하고 남들처럼 정해진 길을 따라가면 (물론 이것만 해도 의대 학업의 길은 험난하고 힘들지만) 졸업을 하여 의사가 될 수 있다. 좋은 대학병원에서 수련을 받아 특정 분야의 전문의가 되고 웬만한 타 분야 직업보다 더 안정적이면서 높은 급여를 받으며 살아갈 수 있다. 하지만 이것은 내가 정해진 길을 따라가기만 해도 얻을 수 있는 성취이기에 일차원적인 발전이라고 생각했다. 내가 진정으로 원하던 것은 내가 현재를 유지해서는 얻을 수 없는 미래의 무언가를 새롭게 성취해내는 것이었다. 즉, 더 고차원적인 발전이고 진정한 의미의 발전이다.

하지만 대부분의 사람들은 과거의 영광에 쉽게 빠진다. 내가 만약 과거의 영광에 빠져버렸다면 의대에 입학하고 나서 안정적으로 의사의 길을 따라가며 '나는 의사라는 아주 좋은 직업을 가지고 있어!'라며 평생의 과업을 끝내버릴 수도 있다. 하지만 그러기에 나는 하고 싶은 것이 많았고 더 큰 발전의 욕망이 있었다. 그래서 의대생, 의사에서 멈추지 않고 유튜브를 하고, 책을 쓰며, 마케팅을 하고, 스타트업을 시작했다. 그 결과 나는 의료계에서 의사인데도 불구하고 현재에 안주하지 않고 더 큰 야망을 가지고 살아가는 도전의 아이콘이 되었다.

또한 의사이면서 유튜브를 하고 책을 쓰는 것에서 그쳤다면 '조금 유명한 인플루언서 의사'에서 끝이 났을 수도 있다. 이것만 해도 내가 살아가는 데 전혀 문제가 없고, 또 나름의 새로운 가치를 창출해 내며 살아갈 수 있다. 하지만 여기에 안주하지 않았다.

서울아산병원에서 일하며 느꼈던 경험을 바탕으로 아이템을 구상했고, 수개월간 사업계획서를 작성하며 여러 투자업체와 사업가들을 만나며 수정 및 보완했다. 이런 과정을 통해 나는 〈제로헬스〉를 창업했으며 '사업하는 의사'로 한 단계 더 발전할 수 있었다. 내가 제자리에 머물렀다면 이뤄낼 수 없던 성과였다.

안정감의 행복에서 빠져나와라

대부분 학창 시절 공부를 열심히 해서 좋은 대학을 가고 좋은 직장을 가면 이후로는 이렇다 할 발전이 없다. 사실 이 정도만 해도 이미 현대사회를 훌륭하게 살아갈 수 있다.

'이 정도면 충분히 열심히 살지 않았나?'

보통 사람들이 많이 가진 생각이다. 대학 졸업 후 취직한 20대 후반, 30대 초반부터는 더 큰 발전에 대한 열망이 사라지는데 이러한 현상은 무의식적으로 떠오르는 불안감과 지침에서 비롯된다. 더욱이 결혼해서 가정이 생기면 안정에 대한 욕구가 최상위로 올라가면서 새로운 도전이나 발전에 대한 욕구와는 더 멀어지게 된다.

여기서 얘기하고 싶은 것은 이러한 삶이 성공이나 실패를 의미하는 것이 아닌, 안정감에 머무를수록 자아 실현을 위한 새로운 발전이 없을 가능성이 높다는 것이다. 가끔은 내가 이미 이뤄놓은 것을 돌아보며 스스로 칭찬하는 것도 필요하지만 그것에 익숙해지고 과거의 영광에 빠져버리면 더 이상 새로운 발전을 위한 노력을 하지 않게 될 가능성이 높아진다. 욕망이 충족된 인간에게 새로운 목표는 생길 수 없다.

어떤 삶이 옳다고 얘기할 수는 없다. 사람마다 가치관이 다르기 때문이다. 누군가는 행복한 가정을 이루는 것이 목표일 수 있고, 누군가는 떼돈을 버는 것, 누군가는 하고 싶은 것을 다하며 즐겁게 사는 것을 원할 수 있다. 그러나 여유 있고 안락한 삶을 살아버리면 그 안정감의 행복에서 빠져나오지 못할 가능성이 높다. 물리학에서 얘기하는 '엔트로피의 법칙'에서 무질서도는 증가하는 방향으로 간다고 하는데, 여기서도 적용된다. 가버리는 건 쉽지만 돌아오는 게 어렵다. 한번 안정감에 빠져버리면 다시 발전의 방향으로 마음을 다잡기는 힘들다. 그게 인간이다.

만약 무언가 큰 가치를 얻어내고 싶다면 우리는 발전해야 한다. 현상 유지만 해서는 자신이 갖고 싶은 모든 것을 얻을 수 없다. 막대한 부도 명예도 꿈도 발전이 없다면 가질 수 없다. 자기 자신을 넘어서는 것, 그것이 바로 진정한 자기 발전의 시작이다. 목표가 큰 사람일수록 현재에 안주하지 말고 늘 부족하다는 생각으로 살아야 한다. 인간의 원동력은 결핍이 아닌 갈망으로부터 나온다. 과거에 이룬 것을 돌아보기보다는 미래에 어떤 것을 더 원하는지 스스로 생각해야 한다. 성공은 안정에서 나오지 않는다. 불안정을 택하고 그것을 이겨낼 때 진정한 성공을 이룰 수 있다.

결과는
성공이나 실패가 아닌
현재의 상태일 뿐이다

결과 때문에 좌절하지 마라

공부를 열심히 해서 시험을 봤는데 성적이 60점이 나온다면? 대부분 허탈감을 느끼며 실패했다고 좌절할 것이다. 그 좌절감이 일시적이면 괜찮지만 다음 시험을 볼 때까지 이어진다면 우리는 공부를 할 마음이 잡히지 않을 것이다. 이는 사기가 꺾여버려 자신의 가능성을 스스로 낮춰버리는 것이다. 다들 이런 경험을 공부에서뿐만 아니라 다른 분야에서도 한 번쯤은 겪어봤을 것이다.

하지만 결과는 성공이나 실패를 의미하는 것이 아닌, 지금 내 상태를 보여주는 척도일 뿐이다. 내가 60점을 맞았으면 지금 나는 60점을 맞을 실력이라는 것이다. 내 실력이 부족한 것뿐이지 실패가 아니다. 왜냐하면 시험은 앞으로도 계속 있기 때문에 지금보다 더 열심히 한다면 다음 시험 때 더 높은 점수를 받을 수 있다. 마찬가지로 내가 100점을 맞았다고 해도 성공이 아니다. 100점을 맞았다고 해서 다음 시험에도 100점을 맞는다는 보장이 없기 때문이고, 정작 정말 큰 시험에서 미끄러진다면 그게 오히려 실패라면 실패라고 할 수 있겠다.

중요한 것은 잠재력이다. 90점을 맞았던 학생이 다음 시험 때 95점을 맞는 것보다, 60점을 맞았던 학생이 다음 시험 때 80점을 맞는 것이 더 훌륭하다고 볼 수 있다. 점수의 상승곡선을 보면 후자의 학생이 발전 가능성, 즉 잠재력이 더 높다고 볼 수 있기 때문이다. 다음 시험에는 후자 학생이 전자 학생보다 더 높은 점수를 받을 수도 있다. 따라서 우리는 하나의 결과에 매몰되지 않고 다음 결과까지 얼마나 더 성장할지 기대하는 것에 초점을 맞출 필요가 있다.

우리는 결과에 대해서 만족스럽지 못할 때가 많다. 하지만 이것은 본인의 실력이란 것을 인정하는 것이 필요하다. 내 탓이라고 자책하라는 것이 아닌, 내 현재 상태가 이러하다는 것을 스스로 받아들이라는 것이다. 여기서 만약 멘탈을 잡지 못한다면 스스로 '낙오자'를 만드는 셈이 될 수 있다. 누구든 처음부터 만족스러운 결과를 내는 사람은 없다. 만족스럽지 못한 결과를 받고 절치부심하며 다시 노력하면 만족스러운 결과까지 다다를 수 있는 것이다.

수많은 수험생들이 입시 실패 후 재수, 삼수, 그 이상의 N수를 하면서 괴로워하는 경우가 있다. 하지만 그들에게 말하고 싶다. 인생은 길고 지금의 실패가 영원한 실패가 아니라고 말이다. 오히려 더 큰 성공의 발판이 될 수 있다. 중요한 것은 실패 후 내가 어떻게 행동하고, 어떻게 살아갈지 계획하는 것이지, 실패에 힘들어하고 좌절을 느끼는 것이 아니다. 잠깐의 좌절은 있을 수 있지만 그 좌절을 극복하고 다시 나아간다면 나는 더 단단해질 것이고 미래의 성공을 내다볼 수 있다.

나는 대학병원을 그만두고 스타트업을 준비했는데 나 정도의 이력이나 경력, 내가 구상한 아이템 정도면 어디에서든 부족할 게 없다고 자신했다. 그렇게 처음으로 2021년 8월 정부지원사업에 지원했는데 충격적이게도 떨어졌다. 며칠간 마음을 가다듬고 이후 9월, 10월에도 나의 사업계획서를 수정 및 보완하며 각종 지원사업과 경진대회에 지원을 했는데 보기 좋게 다 떨어졌다. 병원도 그만두고 사업을 하겠다고 나왔는데 계속되는 낙방에 답답하고 초조해졌다. 더 나아가 병원을 나온 것을 후회하게 되지는 않을까 스스로 두려웠다. 그렇지만 나는 마음을 다잡았다.

'아, 내가 좋은 직업과 멋진 경력을 가지고 있지만 아직 스타트업으로는 부족한 점이 많구나. 이번에 떨어지면 다른 분께 피드백을 받아서 내 사업계획서를 다듬고, 다음 지원 때는 꼭 합격해보도록 하자. 내가 아직 준비가 덜 됐으니 조금 더 노력해보자.'

2022년이 넘어서도 여러 번 떨어졌지만 내가 부족한 점이 무엇인지 내 아이템에서 어떤 것을 보완해야 할지에 대해서 더 집중했다. 나는 환자들의 커뮤니티를 만들어 이것으로 여러 사업을 하고 싶었다. 환자들을 위한 쇼핑몰, 중고거래 시장, 임상연구, 원격의료 등 소위 말해 잘나가는 헬스케어 사업을 모두 하고 싶었고 이것을 초기 사업계획서에 모두 담아냈다. 하지만 돌아오는 피드백은 '다 좋다. 그런데 말하는 아이템 하나하나 모두 큰 것이고 그 하나도 제대로 해내기 어려운데, 이게 현실적으로 가능한가?'였다.

사업계획서는 현실적으로 써야 하는데, 너무 비현실적인 이야기만 써놓았던 것이다. 그 피드백을 받고도 욕심을 버릴 수가 없었기에 아주 조금씩 줄여나갔다. 그래도 여전히 아이템이 너무 많다는 지적을 받자 과감하게 환자 커뮤니티 기능 자체만 남겨두고 모두 대폭 축소하였다. 또한 사업계획서에서 말투를 어떻게 할지부터 글씨 포인트는 몇 포인트로 통일시킬지, 폰트는 어떤 것으로 할지까지 세세한 것을 모두 다듬었다.

그렇게 수많은 도전 끝에 나는 8번째 시도에서 드디어 첫 성공을 거뒀다. 정부지원사업인 예비창업패키지 소셜벤처 분야에 합격한 것이다. 사업을 하려고 병원을 나온 지 딱 1년이 지나고 나서야 겨우 나의 첫 번째 염원을 이루었다. 물론 스타트업의 첫 단계로서 아직 갈 길이 멀지만 눈물이 날 정도로 행복했다.

실패했을 때 경계해야 할 것들

어떤 일에 일시적인 실패를 할 수 있다. 누구나 그렇고, 나 또한 그랬으며 인간 역사의 모든 위인들도 그러했다. 하지만 이때 다음의 4가지 마인드를 경계해야 한다.

〔실패했을 때 경계해야 할 4가지〕

1 **실패에 익숙해지는 마인드**
2 **실패에 좌절해버리는 마인드**
3 **실패의 원인을 외부에서만 찾는 마인드**
4 **실패의 경험을 잊어버리는 마인드**

첫째, 실패에 익숙해지는 마인드다. 실패를 받아들이되 익숙해지면 안 된다. 인간은 관성의 동물이기에 실패에 익숙해지면 실패의 쓴맛에 무뎌질 것이고, 성공과는 점점 거리가 멀어질 것이다.

둘째, 실패에 좌절해버리는 마인드다. 실패에 좌절해버린다면 이후 다시 도전하는 힘을 잃어버린다. 조금 더 노력하면 해낼 수도 있는데, 좌절하고 놓아버리면 스스로의 가능성을 제로(zero)로 만들어버리는 꼴이다.

셋째, 실패의 원인을 외부적인 것에서만 찾는 행위다. 사람들은 흔히 스스로의 결점을 찾지 못하고 찾을 수 있다고 해도 인정하지

118

4장

않으려는 습성이 있다. 모든 외부적 요소들을 교정했는데도 아직도 문제가 있다면 그 문제의 원인이 자신에게 있을 수도 있다. 자신감이 있는 건 좋지만 가끔은 스스로 돌아보는 것도 필요하다.

넷째, 실패했던 경험과 그 과정을 잊어버린다. 실패는 실패로서 의미가 있다. 하지만 실패로부터 오는 부정적인 감정들 때문에 외면해 버리는 경우가 있다. 우리는 실패를 잊으면 안 되고 실패에서 배워야 한다. 그래야 성공으로 나아갈 수 있다. 실패는 성공의 어머니며, 성공은 실패를 이겨낸 사람에게만 온다.

목표를 향해 달려가다 보면 실패를 마주하는 일이 많다. 나 또한 실패를 많이 해본 사람으로서 다음과 같은 대원칙을 세웠다.

"다음에 또 실패하더라도
이전의 실패보다는 나아야 한다."

원인이 있으면 결과가 있다. 문제가 있으면 해결 방법이 있다. 마찬가지로 실패가 있으면 패인이 있다. 실패의 원인이 무엇인지 분석하고 알아내어 교정한다면 다음번에는 성공할 수도 있다. 또다시 실패하면 또다시 원인을 분석하면 된다. 이것을 반복하다 보면 우리는 어느새 성공의 지점을 코앞에 두고 있을 것이다. 이전의 실패를 잘 분석하고 받아들인다면 우리는 실패의 횟수와 기간을 더 줄일 수 있고 성공에 더 빨리 다다를 수 있다.

우리의 목표는 성공이지, 실패를 안 하는 것이 아니다. 실패가 몇 번 있어도 인생 전체가 실패하는 것이 아니다. 100번을 넘게 실패해도 마지막에 성공하면 그건 성공이다. 달리 생각한다면 100번이나 실패할 정도로 어려운 일이었는데 그걸 성공해낸다면 이 얼마나 멋진 일인가? 만약 그렇게 성공해낸다면 그것은 인생에서 두고두고 회자되는 나의 훈장이 될 것이다.

처음부터 성공하는 일은 없고 마지막까지 실패하는 일은 없다. 실패는 처음이고 성공은 마지막이다. 그리고 그 사이에 무수한 결과들은 현재 나의 상태나 상황을 의미하기에 하나하나의 결과에 휘둘릴 필요가 없다. 우리는 결국 목표를 성취하는 것이 가장 큰 목적이다.

인생을
결과론적으로 바라보기

쉬운 인생은 없다

"인생은 항상 언덕길이 있으면 내리막길도 있고, 정상이 있으면 바닥도 있는 법이다. 중요한 것은 그런 산을 하나씩 올라갈 때마다 더 높은 고도를 향해 올라간다는 것을 잊지 말아야 한다."

내가 존경하는 서울아산병원 성형외과 홍준표 교수님께서 병원을 나오기로 결심한 나에게 해주신 말씀이다. 이 말씀을 항상 마음속에 간직하며 힘들고 지칠 때마다 힘을 얻는다. 내리막길을 내려가면서도 다시 오르막길이 있다는 것을 알고, 때로는 바닥을 마주해도 정상의 기쁨을 맛보기도 한다. 그 과정은 험난해도 결국 나중에 돌이켜보면 이것들이 모두 정상에 다다르게 해준 길이었을 것이다.

어떤 인생이든 쉬운 인생은 없다. 때때로 내가 가고 있는 길이 옳은 길인지 내가 잘 가고 있는 건지 의심이 될 때도 있다. 이럴 때는 인생을 결과론적으로 보는 것이 좋다. 하나하나의 과정이 힘들더라도 결국 나중에 성공한다면 그 과정들이 모두 의미 있는 시간이었을 것이다. 의미 없는 과정은 없다. 시행착오를 하더라도 그 시행착오 덕분에 다시 도전해서 결국 성공할 수 있었던 것이다. 어느 한순간에 일희일비하지 말고 성공을 이룬 후의 내 모습을 상상하며 과거를 돌이켜보면 지난 모든 고난이 추억으로 회자될 것이다. 결국 모든 것들이 나의 발전과 성공을 위해 존재했던 것이다.

나는 초등학생 때부터 고등학생 때까지 약 10년간 꿈이 수학 교수였다. 순수하게 수학을 좋아했기 때문에 수학 교수가 되어서 우리나라 최초로 수학의 노벨상이라고 불리는 필즈상을 타는 것이 나의 꿈이었다. 하지만 고3 당시 나는 수학과로는 가장 높은 서울대 수리과학부보다 지원해도 더 높은 의대를 지원할 수 있는 성적을 가지고 있었다. 약간의 아쉬움과 주변의 기대, 그리고 현실적인 이유로 남은 수시 카드로 의대에 지원했다.

내 성적보다 높은 의대 4곳을 지원했고 수리 논술을 통해 울산대 의대에 합격했다. 지금도 입시결과가 높지만 당시 내 수능 성적으로는 넘보지 못할 우리나라 빅5 메이저 의대였다. 그렇게 나는 지난 10년간의 꿈을 뒤로하고 의대에 진학했다.

의대에 입학하고 행복한 나날의 연속이었다. 어딜 가든 축하해주고 인정해줬다. 오랜 꿈이었던 수학의 길을 가지 못한 아쉬움이 있었지만 그보다는 의대 합격의 기쁨이 더 컸다. 하지만 2014년 예과 2학년, 본격적인 의학 공부가 시작됐는데 내가 정말 싫어하던 단순 암기의 연속이었다. 공부를 해보려고 노력했지만 흥미도 없고 성적도 잘 나오지 않아 더욱 의지를 잃어갔다. 반수를 해서라도 다시 서울대 수학과에 가고 싶었다. 진로 방황을 하며 예과 2학년 1학기 중간고사를 앞두고 휴학을 하겠다고 얘기했지만 어머니는 일단 시험이라도 보라며 거절했다.

어쩔 수 없이 시험은 봤지만 결과는 역시 참담했다. 이후로 학교 수업도 자주 빠지고 의대 밖 다른 과 친구들과 놀러다녔다. 그렇게 기말고사까지 보고 나는 1.08이라는 어마어마한 학점을 받고 유급했다. 당시 유급 기준이 1.7이었고 예과 2학년 유급은 거의 없다는 것을 감안하면 정말 충격적인 결과였다. 나름 여의도 지역에서 영재 소리를 들으며 모범생으로 살았던 내가 의대 유급이라니 주변 사람들에게도 적잖은 충격을 주었다.

이후 한동안 '유급한 의대생', '문제 있는 의대생'이라는 타이틀을 달고 살았다. 나 또한 이를 스스로 민망하게 생각했다. 2015년 복학을 해서 1년 후배들과 같이 수업을 들으며 조용히 지냈다. 유급 경력은 의대에서 나를 위축시켰다. 22살의 박동호는 스스로 실패한 인생이라고 생각했다.

결과적으로 얻게 된 것들

유급한 지 8년이 지난 2022년 현재, 많은 것을 이룬 지금은 그 유급이라는 타이틀이 오히려 자랑스럽게 되었다. 지금 와서 생각해보면 그때 유급을 했기에 지금의 내가 있을 수 있던 것 같다. 유급 당시에 나는 다른 과 친구들을 만나며 어울렸고 심지어 술집에서 밤 8시부터 아침 8시까지 안주와 술을 서빙하는 알바도 했다. 이런저런 일을 하면서 다른 의대생들과는 색다른 경험, 그리고 세상에 대한 더 넓은 시야를 넓힐 수 있게 되었다. 당시에는 이러한 이력이 단순히 이색적이고 이상하게 보였을 수 있지만 지금 생각해보면 지금의 나를 있게 해준 순간이었다.

나는 여전히 의료계 내에서 독특한 의사이고 그것이 나의 고유 영역이 되었다. 그래서 나는 더 특별해졌고 성공할 수 있게 되었다. 지금 와서는 유급이 나를 보여주는 하나의 지표였던 셈이다. 유급을 하지 않았더라면 나는 다른 의대생, 의사와 마찬가지로 평범하게 살았을 것이다. 지금 와서는 서울대 수학과에 대한 미련도 없고 진로를 방황했던 그 시절까지도 모두 의미가 있던 시간이 되었다.

인생을 결과론적으로 바라보면 어떤 한순간에서 잘못된 걸음이었다고 생각되는 것도 나중에는 나를 성장시키는 좋은 거름이었다고 생각될 수 있다. 중요한 것은 내가 어떤 목표를 가지고, 어떤 인생을 살아갈지에 대해 고민하는 것이다. 인생은 긴 여정이고 우리가 설정한 목표를 향해 달려가며 발전해가면 된다. 때로는 내리막길이 있고 바닥을 마주할 수도 있다. 하지만 다시 오르막길은 올 것이고 결국은 정상에 다다를 것이다.

정상에 다다른 우리를 상상하며 앞으로 펼쳐질 험난한 길을 즐기면서 가자. 결과론적으로 우리는 그 과정을 돌아보며 발전된 자신을 느끼며 뿌듯해할 것이다.

자꾸 남들과 비교하게 돼요.
어떻게 이 마음을
극복해낼 수 있을까요?

사람이라면 당연히 느낄 수 있는 감정이에요. 저도 당연히 그런 적이 있죠. 어떤 대학을 다니는지, 어떤 회사를 다니는지, 더 나아가 어느 지역에 사는지, 돈이 얼마나 있는지, 어떤 브랜드의 옷을 입는지, 어떤 친구들을 만나는지, 어떤 직업인지, 내 얼굴과 몸은 어떻게 생겼는지, 부모님은 어떤 사람인지, 어떤 식당을 가는지, 팔로워가 몇 명인지. 학력, 직업, 재력, 외모, 경력, 집안, 인맥, 스타일 등 이 모든 것들은 사람을 평가하는 대표적인 것들이죠. 중요하지 않다고 말하면 거짓말입니다.

그런데 내 인생이 남에게 평가를 받기 위해 존재하는 것도, 남들보다 잘나기 위해서 사는 것도 아니잖아요. 그리고 비교란 내가 하는 행위입니다. 나를 위축되게 만드는 것은 자신입니다. 내가 어떤 인생을 살든 나는 내 인생에서 의미를 찾으면 됩니다. 부족한 부분이 있으면 나 스스로 늪에 빠지게 하지 말고 그것을 발전의 원동력으로 승화시켜서 남의 시선이 아닌 나를 만족시켜보면 좋겠습니다.

하지만 분명히 말씀드리고 싶어요. 다른 사람과의 비교에서 오는 성취감 혹은 좌절감은 나를 어떤 식으로든 피폐하게 만들어요. 나보다 잘나가는 사람이 있으면 비교보다는 자극을 받고 배움의 자세를 가져보세요. 지금의 감정을 극복하는 순간부터 한계를 넘어서기 시작할 거예요. 나에게, 나의 목표에 더 집중하면 괜찮아져요.

내가 전교 2등인데 의대에 가고 싶다는 목표를 정했다면 의대에만 가면 돼요. 근데 전교 1등이 서울대 의대를 간다고 해봐요. 여기서 불행을 느낀다면 나는 행복의 근원이 남과의 비교, 즉 외부에서 오는 사람인 거예요. 그것만큼 불행한 것이 없어요. 행복, 불행을 떠나서 나는 나만 만족하면 돼요. 내가 만족하는 삶을 살면 남의 인생은 생각도 들지 않을 거예요. 절대적인 성공의 높이가 아닌 상대적인 성취와 발전의 정도가 중요하니까요.

내 감정에 솔직해지고 남에게도 떳떳해지세요. 자존감이라는 단어에 대해서 생각하지 않는 것도 좋아요. 어떠한 것에 신경 쓰다 보면 그것에 얽매여버려요. 특히 내부적인 것들은 더욱이요. 그래서 저는 감정을 버릴수록 더 나아갈 수 있다고 항상 얘기해요. 남의 시선 신경 안 쓰면 더 나아갈 수 있고, 게다가 계획과 능력이 있으면 성공 가능성이 존재하고, 인사이트(insight)가 있다면 성공할 수 있다고 생각해요.

마인드 컨트롤이
공부 성패를 좌우한다

내가 지금 힘든 이유는 남들보다
더 큰 목표를 가지고 있어서다.
원하는 것을 이루고 나면
이 힘듦이 그저 과거의 한 점일 뿐,
나를 성장시켰던 가치 있는 힘듦이 될 것이다.

힘듦은
가치 있는 감정이다

나는 5개의 직업을 가지고 있다. 의사, 스타트업 공동대표, 유튜버, 마케터 그리고 작가까지. 주변 사람들은 어떻게 그 많은 일과 힘듦을 버틸 수 있는지 묻는다. 가장 본업인 의사 하나만 해도 힘든데 나는 어떻게 이 모든 일을 할 수 있었을까? 여기서 중요한 마인드셋이 하나 있다.

나는 서울아산병원에서 인턴, 레지던트 수련을 받았다. 대학병원에서 전공의 수련을 받는다는 것은 참으로 힘든 일이다. 생과 사를 넘나드는 환자들을 곁에 두기에 조금이라도 긴장을 늦추지 못한다. 병원 일만 해도 바쁘지만 중간중간 남는 시간을 쪼개고 잠을 줄여가면서 유튜브 채널 〈의대생 TV〉 운영을 병행하고, 책을 쓰며, 마케팅 일을 하고 스타트업을 준비했다. 하지만 이 중에서도 어느 것 하나 놓치지 않았고 특히 환자의 생명이 달린 의사직은 그 어떤 것보다도 우선시했다.

몸무게는 50kg까지 빠졌고 하루 3시간밖에 자지 못해 매일 넋이 나간 사람처럼 지냈다. 하루종일 두통에 시달렸으며 어지러움으로 인해 구토까지 동반되었다. 여러 사건과 사고를 늘상 달고 살아서인지 정신적으로도 지친 상태였다. 하지만 결국 우리나라에서 최연소 의사이자 전공의로서는 최초로 구독자 10만 명을 달성하며 실버 버튼을 받았고 각종 인터뷰에 초청받을 정도로 의료계에서 인정을 받았다. 그리고 이것이 나의 사회적 위치를 올려준 중요한 순간이 되었다.

사실 너무 힘들어서 중간에 그만두고 싶었던 적이 여러 번 있었지만 참고 이겨냈다. 내가 지금 힘든 이유는 남들보다 더 큰 목표를 가지고 있었고 더 큰 성공을 위해서 이 정도의 힘듦은 당연한 것이라 스스로 납득시켰기 때문이다. 또한 지금 당장 힘들지 않은 것보다 나의 목표를 이루는 것이 내가 원하는 것이며 나의 최종 목표라고 생각했다. 지금 힘들어도 목표를 달성하고 나면 그 힘듦이 그저 과거의 한 점일 뿐 나를 성장시킬 수 있는 가치 있는 힘듦이라고 생각했다.

힘들지 않은 사람은 없다. 공부하는 수험생이든, 환자를 보는 의

사든, 취직 준비를 하는 취준생이든, 인간관계를 힘들어하는 사회인이든, 집을 사기 위해 월급으로 열심히 재테크를 하는 직장인이든, 늘 새로운 콘텐츠를 고민해야 하는 유튜버든, 대중들의 관심과 악플을 받아야 하는 연예인이든, 유니콘 기업을 만들려는 창업가든, 생계를 유지하기 위해 힘쓰는 자영업자든 말이다. 저마다 힘든 일들이 있고 방식 또한 다를 것이다. 하지만 그 힘듦을 이겨내기 위한 본질은 같다.

"힘듦이란 것은 기본적으로
어디론가 움직이고 있다는 것을 의미한다."

이를 달리 말하면 힘들지 않고 싶다면 가만히 있으면 된다. 공부를 해보지 않은 사람은 없을 것이기에 공부로 예를 들어보겠다. 공부가 힘든 학생이면 공부를 안 해도 된다. 인생은 본인이 선택할 권리가 있기 때문이다. 공부를 잘하는 학생은 과연 공부가 힘들다고 해서 정말 그만둬 버릴까? 아니다. 더 나은 미래를 위해 지식을 쌓고, 더 좋은 대학을 가기 위해 그래도 공부를 놓지 않을 것이다.

여기서 핵심은 '내가 왜 힘들어야 하는가?'에 대한 고민이 필요하다는 것이다. 인간은 인과관계에 의해 움직이는 생각보다 단순한 동물이다. 즉, 이유가 없으면 하지 않는다. 공부를 해도 어떠한 이득이 돌아오지 않는다면 그 누구도 공부를 하지 않을 것이다. 하지만 공부를 하면 그에 대한 보상이 따라올 것을 알기에, 혹은 누군가 가르쳐주었기에 우리는 공부를 한다.

만약 사회적으로 크게 성공한 사람이 기본적인 맞춤법도 모르고 기본 예의마저 모른다면 그 사람이 멋있어 보일까? 당연히 아니다. 학식과 교양이 부족하면 그 사람에 대한 이미지가 추락하고, 이로 인해 원하는 결과를 얻지 못하거나 더 높은 곳까지 올라가기 어려울 수 있다.

어떤 화장품 업체에서 유튜브 광고 건에 대한 비즈니스 메일을 받았던 적이 있다. 해당 제품 브랜드는 내가 잘 몰랐던 것이었으나 제시했던 광고비용은 꽤 높은 편이었다. 하지만 업체 담당자가 보낸 메일 내용에서 기본적인 맞춤법을 지키지 못한 부분이 너무 많았고, 심지어 메일을 주고받는 내내 기본적인 인사말이나 본인에 대한 소개마저 한 번 없었다. 신뢰가 느껴지지 않는 사람이라 생각됐고 결국 계약을 진행하지 않았다. 맞춤법 하나 때문에 신뢰감이 생기지 않은 것은 물론 내키지 않은 협업으로 여겨진 것이다. 이런 사소하지만 기본적인 것은 모두 공부를 통해 배울 수 있다.

공부는 가장 쉬운 성공의 방법이면서 가장 높은 효율을 낼 수 있다. 여기서 또 하나의 핵심은 그 힘듦에 대한 보상을 본인이 스스로 느끼고 체화하느냐다. 아는 것과 모르는 것은 당연히 하늘과 땅 차이지만, 아는 것을 직접 나에게 적용하는 것은 하늘과 우주의 차이라고 비유하고 싶다. 부모님이나 선생님들이 공부를 해야 좋은 대학을 가고, 좋은 직장에 취직할 수 있고, 결국 잘 살 수 있다고 백날 얘기해도 결국 스스로 받아들이지 않으면 수험생활의 힘듦을 버틸 명분이 없다는 것이다.

따라서 무언가 지금 당신을 힘들게 하는 것이 있다면 스스로에게 '내가 왜 힘들어야 하는가?'라는 질문을 던져야 한다. 그리고 그 답을 찾아서 스스로를 납득시켜야 한다. 그렇다면 그 질문은 '내가 왜 힘들어도 되는가?'로 바뀔 것이다. 힘듦을 버티기 위한 명분을 찾아서 스스로 동기부여를 해야 한다.

힘듦은 본질이 아니다. 그저 일시적 감정일 뿐 목표를 향해 가면서 생기는 부산물이다. 우리의 목표는 힘들지 않는 것이 아니라 목표를 이루는 것이다. 힘듦을 느끼는 것은 현재의 상태보다 더 발전하기 위해 노력하고 있다는 것을 의미한다. 따라서 힘듦은 가치 있는 감정임을 마음속에 새기자.

번아웃은
최선을 다한 후에만
찾아온다

누구나 한 번쯤 번아웃에 빠진다

번아웃(burn-out)이란 어떠한 일에 몰두하던 사람이 극도의 스트레스로 인해 정신적, 신체적 피로감이 쌓여 무기력해지는 것을 의미한다. 번아웃이 오게 되는 이유는 다양하지만 대체로 본인의 페이스를 잃고 체력을 모두 소모해버렸을 때 온다. 번아웃이 오면 모든 것을 놓고 싶어 하는 무기력감이 가장 크게 오고 좌절감이나 우울감에 빠지게 되고 결국 아무것도 하지 못하는 상태가 된다. 따라서 두통이나 어지러움, 코피, 잇몸이나 목에서 피가 나는 등 신체적인 증상이 동반되는 경우에는 심각한 번아웃의 전조 증상일 수 있으므로 나를 지키기 위해서라도 잠깐 쉬어갈 필요가 있다. 나를 잃어버리면 어떤 목표든 이룰 수 없기 때문이다.

WHO 세계보건기구에서 제11차 국제질병표준분류기준에 건강에 유해한 증상으로 분류되어 있는 번아웃은, 정신 건강을 중요시하는 요즘 시대에 자주 쓰이는 개념이다. WHO에서 정의하는 번아웃의 세 가지 조건은 에너지 고갈 혹은 탈진감, 일에 대한 심리적 거리감 또는 냉소주의, 업무 효율 저하가 있다. 다음에 해당하면 번아웃을 의심해봐야 한다.

〔번아웃 자가진단 테스트〕
- 아침에 눈을 뜨면 스스로에 대해 자신이 없다
- 기억력이 예전 같지 않고 깜빡깜빡한다
- 이전의 일들이 요즘 들어 유독 화가 난다
- 어디론가 멀리 떠나고 싶다
- 이전의 즐거웠던 일들이 무미건조하고, 행복이 느껴지지 않는다

번아웃을 경험하면 부정적인 감정을 조절하는 것에 어려움을 느끼며 인지 및 학습 능력이 저하된다고 한다. 하지만 번아웃이 없는 게 과연 좋은 걸까? 보통 열심히 사는 사람들에게 오는 번아웃은 직장인이라면 누구나 한 번쯤 겪는 흔한 증상이다. 그렇다면 번아웃을 극복하는 방법은 없을까?

나는 어릴 때부터 항상 플래너를 적었다. 하는 일이 다양하고 보

통 일정이 한 달 후까지 차 있는 탓에 기록해두어야 일정을 잊지 않기 위해서가 가장 큰 이유겠다. 하지만 다른 이유로는 '번아웃 예정일'을 잡기 위함이 있다. 번아웃 예정일을 잡다니? 참으로 어처구니 없다고 느낄 수도 있다. 번아웃은 나의 주기적인 일정 중 하나다.

많은 사람이 번아웃을 두려워한다. 열심히 살다가 갑자기 찾아온 무기력함이 신체와 정신을 지배해버리면 너무 힘들다는 것을 학습했기에 번아웃을 피하고 싶어 하는 것은 당연한 심리일 것이다. 왜냐하면 인간은 보통 안정 욕구가 크기 때문이다. 나 또한 바쁘기 시작한 N잡 초창기 시절에는 번아웃을 피하고 싶었다. 번아웃이 한 번만 와도 너무 힘들어 극심한 두통과 우울을 겪었고 매일 술로 마음을 달래기도 했다. 또 이 힘듦을 이겨내고 다시 나아가기 위해서 많은 용기가 필요했다.

내가 서울아산병원에서 인턴 의사로 근무할 때였다. 인턴 의사는 일주일에 평균 80시간 이상 일하면 안 된다는 법(전공의법)이 있긴 하지만 지켜지지 않고 보통 주 100시간을 일한다. 10년 전만 해도 주 120시간 일하던 시절이 있었다는데, 그에 비하면 조금은 나아진 셈이지만 여전히 살인적인 근무환경이었다. 일반 직장인들이 주 40시간 일하는 것을 생각하면 2.5배의 시간을 더 근무한다고 볼 수 있다. 밥 먹는 시간도 따로 정해져 있지 않고, 밥을 먹을 수 있으면 운이 좋은 날일 정도였다. 그나마도 일이 계속 있는데 잠깐 미뤄두고 10분 정도 먹고 다시 병동으로 뛰어오는 과중한 업무의 일상이었다.

마지막 화룡점정은 36시간 연속 당직이었다. 환자가 오전, 오후에 만 아픈 법이 있는가? 아니다. 새벽에도 환자는 있기 마련이다. 그래서 항상 당직을 서는 의사가 있어야 한다. 나는 일주일에 2~3회 정도 당직을 섰다. 오전 7시에 출근하여 정규근무인 12시간이 끝나면 오후 7시, 그때부터 바로 당직근무 12시간이 지나면 오전 7시, 그리고 또 정규근무 12시간을 해서 오후 7시에 겨우 퇴근했다. 36시간 당직인 날은 오늘 아침에 출근해서 내일 밤에 퇴근하는 것이다. 참 말이 안 되는 일상이었다. 심지어 나는 여기에 유튜브를 병행했고 많은 이슈가 터지기도 했으며, 마케팅 일을 도맡으면서도 시간이 날 때마다 비즈니스 미팅을 다니곤 했다.

이 같은 일상을 사니 번아웃이 거의 매일 올 수밖에 없었다. 36시간 당직이 끝나는 날이면 혼자 기숙사 주변에 있는 고깃집에 가서 삼겹살 2인분과 공깃밥 1개, 소주 2병을 먹었다. 당시 코로나로 사회적 거리두기가 행해져 오후 9시까지만 음식점이 영업했는데, 내가 오후 7시에 퇴근하고 음식점에 빨리 와봤자 오후 7시 반이었던 것을 감안하면 1시간 반 만에 후딱 해치우고 오는 셈이었다. 고깃집에서 혼자 술을 먹어야 하는 안타까운 상황이 된 것이다.

그 고깃집을 갈 때마다 사장님이 된장찌개를 매일 서비스로 주시곤 했는데 어떤 마음이었을지 조금은 짐작이 간다. 그렇게 일상을 마치고 기숙사로 들어가다 과자와 소주, 맥주를 사서 더 먹고 완전히 취한 채로 잠들었다. 너무 지치고 힘들어서 누군가와 대화하고 싶지도 않았고 힘듦을 잊기 위해 빨리 술을 먹고 취해버려야겠다는 생각이 전부였다. 하지만 그렇게 몇 개월을 살다 보니 우울감과 스트레스에 시달리며 살았다.

그 당시 번아웃을 성숙하게 이겨내지는 못했다. 번아웃에 빠지지 않기 위해 발악을 했는데 오히려 이것이 나의 몸과 정신을 갉아먹었다. 그래서 다른 방법을 찾았다. 바로 혼자 있지 말고 사람을 만나는 것이었다. 병원 근무가 너무 바쁘고, 다른 일도 많고, 코로나로 인해 그동안 사람을 많이 못 만났다. 몸은 힘들어도 누군가에게 좋은 기운을 받으면 정신이라도 지킬 수 있을 것 같았다. 그래서 고깃집에서의 혼술 시간을 줄여가면서 친구들을 만났다. 가족도 만나고 함께 일하는 동료들도 만났다. 유튜브나 인스타그램으로 라이브 방송을 하며 구독자들과 자주 소통했다.

사람들과 대화하다 보니 정신적인 에너지를 많이 얻을 수 있었다. 또한 힘들 때마다 그동안 내가 이뤄왔던 업적들을 돌이켜봤다. 그리고 깨달았다. 무언가 하나를 이루기 위해서는 많은 노력이 있었다. 그 당시에는 너무 힘들었지만 지나고 생각하니 무언가를 성취하기 위해 마땅한 과정이었다. 그 힘들었던 기억보다 어떠한 목표를 이뤘을 때의 기쁨이 더 컸다. 그래서 지금의 번아웃을 더 버티고 싶은 마음가짐이 생겼다. 이러한 에너지와 정신으로 나는 힘듦을 버틸 수 있었고, 그 버텼던 기억으로 다음 힘듦을 또 버틸 수 있었다. 그렇게 1년을 버티며 결국 인턴 수련 과정을 무사히 마칠 수 있었다.

여러 번의 번아웃을 거치면서 알게 된 점은 번아웃이 지나고 나면 대체로 좋은 결과물이 따라왔다는 것이다. 또한 번아웃 이전의 목표와 내가 했던 노력을 보면서 나의 역량을 가늠할 수 있었기에 다음 목표를 얼마만큼 설정해야 할지 정하는데 유리했다. 즉, 빽빽한 일정을 소화하고 다음 일정을 위해 또다시 나아가려면 번아웃이 오는 건 당연하고 동시에 스스로를 칭찬할 수 있는 뿌듯한 시간이었다는 것을 깨닫게 되었다.

번아웃은 최선을 다한 후에만 찾아오는 증명의 순간이다. 무언가에 몰두하여 최선을 다했는데 만약 번아웃을 느끼지 않았다면 최선을 다한 것이 아닐 수도 있다. 혹은 특정 일에 대해서 최선을 다한 것이 맞지만 아직 다른 일을 더 할 수 있는 체력과 정신이 남아있다는 것을 의미할 수도 있다. 달리 말하면, 번아웃이 되었다면 결과가 어떻든 나는 최선을 다해 무언가를 했다는 것을 의미한다. 번아웃은 최선을 다했다는 증명이기에 무기력함을 느낄 필요가 없다. 그 일시적인 무기력함에 무릎을 꿇고 두려워한다면 우리는 다음 번아웃을 피하기 위해 최선의 노력을 다하지 않을 수 있다.

"번아웃을 느끼는 것은 남들보다
더 열심히 살았다는 것을 의미한다."

번아웃이 되지 않았다면 아직 나의 체력이 방전되지 않았다는 것이고 그것은 100% 미만의 노력을 의미한다. 젊은 사람은 하룻밤만 자도 체력이 충전되는 건강함과 탄력성이 있기에 최고의 효율을 내고 남들보다 앞서나가기 위해서는 적어도 95% 이상의 체력을 사용할 필요가 있다. 나는 그것을 근성이라고 표현한다. 한정된 나의 에너지를 얼마나 많이 쓸 수 있는지 말이다. 물론 공부든 일이든 건강을 잃지 않는 선에서 해야 하므로 100% 방전은 위험할 수 있다.

모든 사람에게 번아웃은 주기적으로 온다. 우리는 각자의 역량이 다르기 때문에 각자의 삶에서 모두 최선을 다해 산다고 생각하기 때문이다. 본인이 느끼기에 최선을 다했다고 생각한다면 그 이후에는 번아웃이 올 것이다. 그래서 누구나 번아웃은 당연히 올 수밖에 없다. 누군가는 1시간 공부를 하면 30분을 쉬어야 하고, 누군가는 3시간 공부를 하고 10분을 쉬어도 충분하다. 나는 수험생 시절 공부시간을 하루 최대 13시간까지 했지만 당연히 연속해서 13시간을 공부하지는 못했다. 어떤 사람이든 마라톤을 전력질주로 달릴 수는 없는 법이다. 누구나에 찾아오는 번아웃이라면 이것을 잘 활용하는 것이 목표를 이루는 데 있어서 반드시 필요하다.

번아웃은 목표와 목표 사이에 존재하는 이정표다. 지난번 목표에서 자신이 했던 노력과 결과를 보고, 다음 목표는 어떻게, 얼마나 달릴지 최적의 효율점을 계산할 시간을 주기 위해 무기력함이라는 감정을 준 것이다. 번아웃은 다음 목표를 위한 준비시간인 것이다.

하지만 번아웃이 생각보다 자주 온다면 그것은 나태함 혹은 누군가에게 위로받고 싶은 마음일 수 있다. 이는 번아웃을 느끼지 않는 것보다 더 위험한 마음이기에 반드시 경계해야 한다. 의미 없는 번아웃은 낮은 자존감 등 부정적인 감정으로 빠지게 될 가능성이 높고 원하던 목표를 절대 이룰 수 없기 때문이다.

나만의 주말을 정해 번아웃을 활용하라

우리는 목표를 이루기 위해 번아웃을 받아들이고 활용해야 한다. 앞에서 얘기했듯이 나는 플래너를 작성하면서 일정을 보고 번아웃 날짜를 의도적으로 정해놓는다. 예를 들어, 1월 1일부터 1월 12일까지 일정이 차있고, 1월 15일부터 다시 바빠진다면 1월 13일을 번아웃 날짜로 지정한다. 이렇게 하면 좋은 점은 예정된 번아웃 날짜인 1월 13일에 맞춰서 1일부터 12일까지 쉬지 않고 계속 달릴 수 있다.

달력을 보면 일주일 7일 중에 주말이 2일 있는데 같은 원리라고 보면 된다. 평균적으로 대부분의 사람이 5일 일하고 2일 쉬면 대체로 적절하게 삶을 살아갈 수 있기에 그렇게 지정해놓은 것이다. '불금'이라는 단어가 있지 않은가? 주말만큼은 주중 동안 소진된 정신과 체력을 회복할 수 있는 번아웃 날짜다. 주말이 있기에 직장인들은 주말을 기다리며 불금이 오기까지의 주중 5일간 열심히 일한다.

이와 같은 원리다.

우리는 무언가 목표를 이루려는 사람인데 남들과 똑같이 살면 되겠는가? 그래서 나는 달력에서 주말을 무시하고 나만의 주말인 '번아웃 날짜'를 정한 것이다. 이렇듯 번아웃을 더 이상 넘어짐이 아닌 '나만의 주말', 즉 휴식과 준비의 시간으로 활용했다. 남들보다 휴식의 호흡이 긴 만큼 남들보다 더 열심히 살 수 있다는 것이다.

나는 휴식 때는 일을 안 한다. 물론 휴식 때도 급하게 처리해야 할 일들이 있거나 중요한 비즈니스 연락이 올 때도 있는데 그런 것만 잠깐 처리하고 다시 돌아온다. 침대에 누워서 지금까지 해왔던 일들을 돌이켜보며 자기 반성을 하고, 때로는 잘한 것에는 스스로 칭찬한다. 그동안 바빠서 제대로 챙겨먹지 못했던 끼니를 챙겨먹으며 에너지를 비축하기도 한다.

내가 이렇게 하루 쉬면 또 3~4주간 달릴 힘이 난다는 것을 알기에 전혀 불안해하지 않는다. 저녁을 먹고 나서는 다음 번아웃 날짜까지 향후 3~4주간의 계획을 세운다. 병원 근무 스케줄, 유튜브 촬영 일정, 비즈니스 미팅 일정, 스타트업 일정, 개인 일정 등 모든 것의 적절한 완급조절을 계산하여 일정을 세운다.

침대에 누워 있는 동안에도 시간을 최대한 활용한다. 예를 들면, 나는 아무 생각 없이 유튜브와 SNS를 본다. 다른 사람들의 일상이나 콘텐츠를 보다보면 간혹 새로운 아이디어가 떠오르는데 이것이 나의 유튜브 콘텐츠로 발전될 수 있고 혹은 사업 아이템이 될 수 있다.

혹은 책을 쓰는 나에게 글감으로 다가올 수도 있다. 일부러 눈으로 보고 머리에는 안 넣음으로써 내 무의식에만 담아둔다. 머리에 넣다 보면 피곤해지기 때문이다. 이런 사소한 무의식들이 하나씩 모이다 보면 나에게 번뜩이는 아이디어로 떠오르게 된다. 이것이 내가 휴식을 취하면서도 다음 번아웃까지 달릴 시간을 준비하는 방법이다.

번아웃을 이겨내는 7가지 기술

예기치 못한 번아웃이 올 때 많은 사람이 힘들어하고 페이스를 잃는 경우가 많다. 다음은 내가 실제로 사용했던 번아웃을 이겨내는 다양한 방법들이다.

〔번아웃을 극복하는 7가지 방법〕

1 **모든 감각을 제어하라**

2 **나만의 에너지 우물을 찾아라**

3 **목표를 리마인드하라**

4 **스스로를 자극하라**

5 **나와의 약속을 밖으로 표출하라**

6 **가끔은 뒤를 돌아보라**

7 **모든 것에 감사하라**

첫째, 모든 감각을 제어한다. 우리가 만약 작곡가나 시인, 화가의 직업을 가졌다면 감정이 매우 중요하겠지만, 공부나 사업 등의 영역에서는 감정이 오히려 목표를 이루는 데 있어 방해가 될 확률이 높다. 사람의 감정은 여러 곳에서 올 수 있지만 오감(시각/청각/촉각/후각/미각)의 감각에서 비롯되고, 감각이 감정을 심화시키는 경우가 많다. 연인과 헤어졌을 때 이별에 대한 노래를 들으면 슬픔이라는 감정이 더욱 심화되는 경우가 바로 그 예다. 하지만 연인과 헤어졌더라도 오히려 신나는 노래를 듣거나, 머리를 써야 하는 전략 게임을 한다면 슬픔은 조금 덜해질 것이다. 여기서 핵심은 오감의 감각은 우리가 제어할 수 있다는 점이다. 우리는 감정에 빠져서는 안 된다.

번아웃 또한 감정의 영역에 속한다. 따라서 번아웃이라는 감정을 이겨내기 위해서 오감의 감각을 제어하면 된다. 이중에서 가장 쉽고 효율이 좋은 것이 바로 청각이다. 힘들 때 힘듦을 이겨내는 노래를 듣거나 응원의 노래, 성공을 향해 달려가는 노래, 긍정적인 멜로디의 노래를 듣는다면 생각보다 큰 힘을 얻을 수 있다. 나 같은 경우 계속 달리다가 지치면 〈보헤미안 랩소디〉로 유명한 록 그룹 퀸의 'Don't stop me now'라는 노래를 자주 들었다. 이 책을 읽고 있는 독자들도 대부분 알 법한 유명한 팝송인데, 제목 그대로 나를 멈추지 말라면서 계속 달려가고 있다는 내용의 노래다. 이 노래를 들으면 없던 힘도 나면서 번아웃을 이겨낼 수 있었다.

둘째 나만의 에너지 우물을 찾는다. 번아웃은 나의 에너지가 모두 방전되었다는 것을 의미한다. 그 말인 즉슨, 에너지를 채워 넣으면 다시 달릴 수 있다는 것이다. 그러기 위해서는 우리가 어떤 곳에서 에너지를 얻는지, 즉 '에너지 우물'이 무엇인지 알아볼 필요가 있다. 사람마다 에너지 우물은 다르겠지만 나는 사람에게서 에너지를 얻는다. 친구나 연인, 동료, 유튜브 구독자나 SNS 팔로워 모두 좋다. 혹은 아예 새로운 사람으로부터 에너지를 얻을 수도 있다. 하지만 그중에서도 나는 가족으로부터 가장 큰 에너지를 얻는다. 가족은 어떤 일이 있어도 항상 내 편이고, 내 말을 들어주고, 내 힘듦을 이해해주고 응원해주기 때문이다. 가족들을 위해서라도 나는 이겨내야 하고 가족들을 지켜내기 위해서 나는 성공해야 한다는 생각을 했다.

셋째, 목표를 리마인드한다. 우리는 목표를 이루기 위해 달려가고 있는 사람들이다. 하지만 번아웃으로 지치게 되면 사실 아무 생각도 나지 않게 되는 것이 사람의 마음이다. 그저 다 던져버리고 쉬고 싶을 뿐이다. 이때 우리가 스스로 세웠던 목표를 다시 상기한다면 우리를 번아웃에 빠지게 하고 싶지 않을 것이다. 우리의 목표가 무엇이었는지, 우리의 욕망이 무엇이었는지, 우리의 꿈이 무엇이었는지 다시 생각해본다면 우리는 다시 힘을 얻을 수 있을 것이다.

넷째, 스스로를 자극한다. '지금 이 순간을 이겨내지 못하면 거기까지가 내 한계다.' 내가 만든 명언이다. 내가 만약 지금의 힘듦에 지쳐버린다면 나는 거기까지인 사람이고 나의 한계를 넘지 못한 사람이 된다. 하지만 내가 이 순간을 이겨낸다면 나는 나의 한계를 깨뜨리고 현재의 나를 넘어선 아주 대단한 사람이 되는 것이다. 나는 저 말을 나의 좌우명으로 삼고 A4용지에 크게 써서 내 책상 앞에 붙여 뒀다. 저 말만 보면 번아웃은커녕 나를 이겨내고 싶어서 안달이 나게 되었다. 새벽 1시에 명언을 되새기면서 '1시간만 더', '30분만 더', '10분만 더'라며 스스로를 자극했다. 그렇게 매일 새벽 일을 더 할 수 있었고 새벽 3시에 잠드는 게 일상이 되었다. 그만큼 남들보다 더 빠르게, 크게, 멋있게 성장했다.

다섯째, 나와의 약속을 밖으로 표출한다. 사람은 약속을 지키는 것이 미덕이고, 지키지 못한다면 부끄러움을 느낀다. 목표는 나와의 약속이다. 만약 내가 번아웃에 빠져 목표를 이루지 못했는데 조용히 넘어간다면 나 스스로만 조금 부끄러움을 느꼈다가 조용히 잊어버릴 것이다. 내가 나와의 약속을 지키지 못한 건데 누가 상관이나 할까? 내가 나만 속이면 되는 것이다. 하지만 이러다보면 우리는 목표를 이루기는커녕 나 자신을 속이기만 하는 양치기소년이 되어버릴 것이다.

이럴 때는 목표, 즉 나와의 약속을 일부러 밖으로 표출하는 것이 좋다. 나 자신 외의 다른 감시자를 만드는 것이다. 만약 내가 다이어트를 해서 1개월 만에 5kg을 감량하겠다고 친구들에게 대대적으로 선언을 했는데 이루지 못했다면 어떨까? 자신에 대한 부끄러움뿐 아니라 친구들에게도 자존심이 상할 것이다. 나 또한 이 전략을 많이 사용한다. 나는 나의 목표를 SNS에 자주 적어놓는다. 내가 2021

년에 두 번째 책을 쓰고 나서, 좋은 아이디어가 떠올라 2023년까지 세 번째 책을 써내겠다고 대대적으로 홍보를 하고 다녔다. 그렇게 현재 2022년 세 번째 책을 실제로 집필하고 있다.

사실 누가 내 인생에 얼마나 구체적인 관심을 갖겠냐마는 누군가는 내 SNS를 다 보고 기억하고 있을 수도 있는 법이다. 나와의 약속을 남들에게도 알림으로써 약속을 반드시 지키게 만들었다. 일부러 나 스스로를 벼랑 끝으로 몰아버리는 전략이기도 하다. 물론 이 과정에서 남들의 시선을 의식하여 무리한 목표를 세우다보면 강박에 시달리고, 패배의식에 갇혀 괴리감에 결국 나 자신을 잃어버릴 수도 있다. 따라서 자신의 역량을 잘 고려해서 목표를 세우는 것이 중요하다. 밖으로 목표를 표출하라는 것은 남들의 시선에 맞춰 살라는 뜻이 아닌, 내 인생을 주체적으로 사는 데 도움을 주는 최소한의 부담을 설정하자는 뜻이다.

여섯째, 가끔은 뒤를 돌아본다. 어떤 사람이든 힘들었던 과거가 있을 것이다. 과거에는 죽을 만큼 힘들었다고 이겨내지 못할 것 같다고 생각했어도 돌이켜보면 잘 버텼고 꽤 괜찮은 성과도 있었을 것이다. 우리의 방향은 항상 앞을 향하지만 앞으로 가기 위해서는 때로는 뒤를 돌아보면서 힘을 얻을 때도 있다. 나는 힘들 때면 예전에 이뤄났던 업적을 돌이켜본다.

학창 시절 하루에 13시간 공부를 하며 고생을 했다. 학원 시간에 치여 밥 먹을 시간이 없어 길거리에서 김밥이나 핫도그로 끼니를 때웠다. 수면 시간이 부족해서 학원까지 차로 이동하는 그 30분 동안 겨우 눈을 붙였다. 주말마다 학원 숙제, 경시대회, 특강에 치여 중고등학교 때 그 흔한 가족여행도 한 번 가지 못했다. 하지만 그렇게 인내의 시간을 거쳐 결국 최상위 의대에 합격했다. 그 당시에는 어린 마음에 내가 왜 이렇게까지 살아야 하나 싶었고 방황도 몇 번 했지만 결국은 이겨냈고 덕분에 지금의 내가 있게 되었다. 이런 '과거의 영광'이었던 순간들을 떠올리면서 지금의 힘듦도 마찬가지로 '과거의 한 점'이 될 것이고 또 한 번의 영광의 순간으로 기억될 것이라는 것을 알면 번아웃을 버텨낼 수 있다.

일곱째, 모든 것에 감사하는 것이다. 번아웃이 오든, 힘든 일이 있든, 어떠한 감정이든 사실 나에게는 소중한 것이다. 왜냐하면 그러한 부정적인 감정조차도 내가 살아있음을 반증하는 것이기 때문이다. 세상이 나를 미워하는 느낌이 들더라도 나에게는 다른 소중한 것들이 있다. 내가 지금 힘들더라도 친구가 있고, 가족이 있고, 밥을 먹고, 숨을 쉬고 있으며 내가 살아있다는 생각을 할 수 있음에 기뻐해보자. 모든 것에 감사하면 어떤 순간이든 행복하게 느껴질 수 있다.

번아웃, 즉 휴식은 살면서 당연히 필요한 것이므로 죄책감을 가질 필요가 없다. 하지만 내가 과연 번아웃이 올 만큼 열심히 했는지 돌아보며 혹시 나태해진 것은 아닌지 경계할 필요는 있다. 잦은 번아웃은 목표로 가는 과정에서 짧은 호흡을 주기에 효율적이지 못하다. 마라톤을 완주하기 위해서는 큰 폐활량과 긴 호흡이 필요하다.

번아웃 주기가 본인의 역량이다. 하지만 처음부터 과도하게 번아웃 주기를 길게 하면 오히려 악영향을 끼친다. 무리한 자기 과대평가로 인해 번아웃이 필요한 타이밍이 왔음에도 불구하고 계속 달리면 효율이 나오지도 않을뿐더러 방향성을 잃을 수 있고, 신체적, 정신적으로 자기를 갉아먹을 수 있다. 가장 중요한 것은 나를 잃지 않는 것이다. 나의 페이스를 잃으면 어떤 것이든 이룰 수 없다. 자기 자신을 솔직하게 평가하고 객관화하는 것이 필요하다. 본인의 역량을 고려하되 다음 번아웃 주기는 이전 주기보다 10% 정도 늘려서 조금씩 본인의 역량을 늘려가는 것이 좋다.

나 또한 처음에는 번아웃 주기를 7일 정도로 잡았다. 조금 익숙해지고 나서는 10일, 12일 이런 식으로 늘려갔고, 3년이 지난 현재는 4주까지 주기를 길게 늘릴 수 있었다. 거의 쉬지 않고 달리고 있다고 생각하면 된다. 마라톤 프로 선수가 완주할 때까지 쉬는 것을 보았는가? 프로는 빠르게 달리는 자가 아닌, 자기 완급조절을 하면서 끝까지 완주할 수 있는 자다.

강조하지만 번아웃은 누구나에게나 주기적으로 오는 순간이지 실패가 아니다. 다음 목표를 준비하기 위한 추진력을 얻기 위한 과정일 뿐임을 기억하자.

멘탈을 지배하는 자가
결국 승리한다

멘탈은 지키는 것이 아니라 관리하는 것이다

이 책의 가장 중요한 파트 중 하나다. 사람들에게 가장 많이 듣는 질문 중 하나가 바로 멘탈 관리법이다. 흔히들 멘탈의 중요성은 알고 있지만 멘탈이 무엇을 의미하는지, 왜 중요한지, 그리고 멘탈을 관리할 수 있는 구체적인 방법에 대해서는 잘 모른다. 멘탈을 단순히 자존감을 지키기 위한 자기합리화의 한 방식으로 여긴다면 큰 오산이다. 멘탈을 관리한다는 것은, 어떠한 것에도 흔들리지 않고 앞으로 계속 나아갈 수 있는 힘을 의미하고, 더 확대하면 나 자신(self) 그 자체를 의미한다. 멘탈은 지키는 것이 아닌 관리하는 것이고 결국은 스스로 지배해야 한다. 즉, 내가 나를 컨트롤하는 것이다.

"멘탈을 흔드는 것은 외부의 사건이지만
멘탈을 깨뜨리는 것은 결국 나 자신이다."

위의 문장은 내가 생각한 멘탈 관리에 있어서 가장 중요하다고 여기는 것이다. 나는 이 생각만으로도 90% 이상 멘탈 관리가 된다. 저 말을 돌려서 생각하면 내가 멘탈을 깨뜨리지 않으면 결국 멘탈은 깨지지 않는다는 것이다.

내가 전교 150등에서 1등까지 오르기 위해 고군분투하던 수험생 시절부터 나의 멘탈을 흔드는 외부 사건, 즉 트리거(trigger)가 많았다. 지금의 성적을 지키지 못할 것 같은 불안감, 주변 친구들과의 경쟁, 시기와 질투, 가혹한 공부 시간과 그것을 나홀로 이겨내야 하는 외로움, 특정 과목에서 좀처럼 오르지 않는 성적, 주변 사람들의 기대와 부담, 한 번이라도 미끄러지면 원하는 대학에 가지 못할 것이라는 압박감, 목표를 정말 이뤄낼 수 있을까에 대한 회의감 등 어린 10대였던 나에게는 하나하나 큰 스트레스로 다가왔다.

그뿐만 아니라 의대를 다니면서 나보다 공부를 잘하는 친구들을 보며 능력 부족에 대한 자괴감과 진로에 대한 방황을 느끼기도 했다. 또한 의사가 되어서 환자를 잃어보고 상사에게 모욕을 듣기도 하고 당직을 서며 극심한 노동 환경에 시달리기도 했다. 각종 사업을 하면서 동료를 잃어보기도 했고, 크고 작은 뒤통수를 맞고, 원하는 만큼 성과가 안 나오고, 방향성을 잃고 술에 빠져 건강을 잃을 때도 있었다. 20대 초중반에 겪기에는 다소 험난한 경험들이었다. 하지만 보란 듯이 나는 모든 것을 이겨냈고 지금도 계속 나아가고 있다. 모든 것은 멘탈 관리에서 나왔다고 해도 과언이 아니다.

지금의 나를 만든 멘탈 관리 10계명

내가 수험생 시절을 비롯하여 힘든 의대 생활을 버티고 5개의 직업을 병행하면서 사회에 나와 겪은 무수한 일들에도 흔들리지 않고 멘탈을 잡게 해준 대표적인 말들을 몇 가지 소개하고자 한다.

〔멘탈 관리 10계명〕

1 힘들다는 것은 어디론가 움직이고 있다는 뜻이다
2 실망감을 느끼는 것은 그만큼 성공을 위해 노력하고 있다는 뜻이다
3 미래의 성공한 나를 상상하면 지금의 힘듦은 가치 있는 순간이다
4 누구나 처음부터 완벽했던 사람은 없다
5 올라갈 곳이 있다는 것은 즐거운 일이다
6 누군가 해낸 것이라면 나도 할 수 있다
7 감정은 사라지고 결과는 남는다
8 높은 곳을 보되 옆을 볼 필요는 없다
9 멘탈은 깨뜨리지 않으면 깨지지 않는다
10 나 자신보다 중요한 것은 없다

짧은 27년 인생이었지만 남들보다 3배 이상의 속도로 살아온 내가 직접 경험한 이야기들로 정리한 '멘탈 관리 10계명'이다. 멘탈 관리 10계명만 잘 기억하면 아무리 힘든 일이 있어도 멘탈을 지키며 성공을 위해 계속 달려가는 데 충분할 것이다.

　그리고 다음 명언은 책에서 여러 번 얘기했지만 다시 한번 언급한다.

> "지금 이 순간을 이겨내지 못하면
> 거기까지가 내 한계다."

　멘탈 관련 이야기를 할 때 스트레스를 빼놓고 얘기할 수 없다. 스트레스는 멘탈 파괴의 위험 인자(risk factor), 즉 원인 중 하나다. 사실 스트레스란 우리와 떼어놓을 수 없는 존재다. 적절한 스트레스는 오히려 우리 인생에 도움이 되기도 한다. 하지만 과도한 스트레스는 우리의 정신을 해칠 수 있기에 멘탈 관리에 앞서 잘 조절해야 한다.

　스트레스를 조절하는 가장 좋은 방법은 스트레스를 받지 않는 것이다. 궤변처럼 들릴 수 있으나 정말이다. 어떠한 것에도 스트레스를 받지 않고 앞만 보고 달린다면 문제가 없다. 하지만 우리는 사람이기에 스트레스를 아예 안 받는 것은 불가능하다. 그럴 때는 스트레스에 대한 대처법을 찾아야 한다. 막지 못할 문제는 해결법을 강구하면 된다는 것이다. 나는 스트레스를 아예 받지 않는 편이지만 가끔 받는 경우가 있다.

예를 들어, 내가 유튜브 〈의대생 TV〉를 운영했던 초창기에는 어떤 영상을 올려도 조회수가 잘 나오고 또 100만 뷰가 넘은 영상들도 많이 생겼다. 하지만 4년이 지난 지금은 예전에 비해 저조한 조회수를 보이고 있다. 이럴 때 가끔 과거 잘됐던 영상을 돌려보면서 위안을 얻기도 하고 친구들을 만나 응원과 동시에 새로운 아이디어를 받기도 한다. 이전 영상들을 분석해서 다음 촬영 때 어떤 영상을 찍을지 기획한다. 예전에 잘됐던 적이 있으니 앞으로도 잘될 수 있다는 믿음을 가지고 더 노력하고 스트레스를 극복한다.

하지만 대처법을 바꿔도 스트레스를 받게 되는 경우도 있는데 그때는 생각의 변화가 필요하다. 마음가짐을 달리하면 기존의 스트레스를 주던 일도 크게 영향을 주지 않을 수 있다. 이어서 예를 들면 〈의대생 TV〉가 이전에 비해 구독자는 늘었는데 조회수가 안 나오는 것이 슬플 수 있지만 어떻게 생각하면 당연한 걸 수도 있다. 처음 시작했을 때는 의대생이 나오는 유튜브 채널이 거의 우리밖에 없었고 참신한 소재로 받아들여서인지 화제성이 있었다. 하지만 시간이 지날수록 다른 개인 유튜버들도 생기고 참신함도 떨어지니 인기가 떨어지는 것은 당연했다. 하지만 우리의 존재 가치는 분명하다. 〈의대생 TV〉라는 이름은 이미 브랜딩이 되었고 이쪽 분야에 관심이 있는 사람이라면 한 번쯤은 들어본 이름이기 때문이다.

지상파 3사인 MBC, KBS, SBS가 종편이나 유튜브에 밀려 시청률이 안 나온다고 그 이름이 퇴색되었는가? 아니다. 그 명예와 위엄은 계속된다. 즉, 조회수가 아닌 다른 중요한 요소들도 있다는 것이다. 그래서 나는 단순히 조회수에 목매지 않게 되었다. 그보다 중요한 것은 우리 채널이 어떤 의미를 가지고 있고 어떤 활동을 하며 어떤 가치를 사람들에게 주고 있는지를 더 생각하게 되었다. 이렇게 생각의 변화를 주니 이전보다 유튜브 성과에 대한 스트레스가 줄어들게 되었다. 이런 식으로 스트레스를 조절해서 멘탈을 지켜낼 수 있다.

마지막으로, 생각을 변화시켰는데도 불구하고 멘탈이 깨지는 상황이 올 수도 있다. 그럴 때는 인정하고 받아들이는 것도 하나의 방법이다. 모든 일이 우리의 뜻대로만 될 수 있겠는가? 물론 조금만 힘들어도 어느 상황에서나 받아들이는 것은 발전을 좀먹는 나태한 마음가짐이다. 하지만 우리는 완벽하지 않기에 모든 방법을 총동원해서도 일이 잘 해결되지 않고 이에 따라 멘탈이 깨진다면 가끔씩은 받아들일 줄도 알아야 한다. 어떤 상황에서든 우리는 우리를 잃으면 안 되기 때문이다. 결국 멘탈을 지키는 것은 곧 나를 지키는 일이다.

멘탈이 깨졌을 때 비로소 우리는 성장한다

물론 멘탈이 깨지지 않으면 좋겠지만 우리는 사람이기에 멘탈이 결국 깨져버릴 수도 있다. 이때의 핵심은 바로 얼마나 빨리 복구하고,

얼마나 더 크게 성장했냐는 것이다. 만약 멘탈이 깨졌다면 잠깐은 쉬고 와야 한다. 앞에서 말한 '번아웃 주기'가 약간 틀어질 수 있지만 어차피 멘탈이 따라주지 않을 때 어떠한 효율도 나지 않기에 차라리 휴식을 취하는 것이 낫다. 다만 멘탈을 늦게 복구할수록 그만큼의 시간은 손해다. 손해가 있을 수밖에 없는 상황일 때는 손해를 최소화하는 방법을 찾는 것이 현명한 자세다. 손해를 키우기 싫다면 빨리 돌아오는 게 합리적인 판단이다. 현실에서 나는 할 일이 많고 이뤄야 할 목표가 있기에 최대한 빨리 힘든 마음을 털고 일어서야 한다.

우리는 고난을 겪지 않은 적이 없다. 그때마다 멘탈이 흔들리고 깨진 적도 많았을 것이다. 하지만 변하지 않는 인생의 법칙은, 고난은 우리를 단단하게 만들어준다는 것이다. 고난을 겪은 후에는 분명히 더 성장했을 것이다. 앞으로 비슷한 고난이 다가오면 우리는 더 여유롭게 상황을 대처할 수 있다. 우리가 성장할 수 있었던 이유는 바로 멘탈이 한번 깨진 후에 멘탈을 복구하면서 학습했기 때문이다.

인간은 학습의 동물이고 누구나 이런 과정을 거친다. 김난도 작가님의 《천 번을 흔들려야 어른이 된다》 책의 제목과 비슷한 맥락이라고 할 수 있다. 하지만 어떤 사람은 1을 겪었으면 2까지 크는 경우가 있고, 어떤 사람은 1만 겪었는데도 10만큼 크는 경우도 있다. 우리는 멘탈이 깨졌을 때 최대한 크게 성장해야 한다. 그것이 시간을 아낄 수 있는 길이다.

내가 서울아산병원에서 인턴으로 일하면서 있었던 일이다. 당시 나는 종양내과에서 근무하고 있었다. 우리나라 최고의 대학병원이 었던 만큼 중환자가 아주 많았다. 종양은 양성종양과 악성종양으로 구분되는데, 우리가 흔히 아는 암이 바로 악성종양이다. 암은 진행 상태에 따라 병기를 나누는데, 1기부터 4기까지 구분된다. 1기일수록 경증이라서 치료 가능성이 높고, 4기로 갈수록 중증이라서 치료 가능성이 낮아진다. 여기서 종양내과는 항암치료나 연명치료를 하는 3~4기의 말기암 환자들이 주로 입원하는 곳이다.

한 40대 여성 유방암 4기 환자가 있었다. 나는 인턴이라서 환자분에게 드레싱(dressing, 의학에서 상처 부위를 소독하고 약을 바른 다음 거즈 또는 붕대 등으로 그 부위를 감싸주는 처치를 뜻한다.)이나 검사를 위한 채혈 등 기본적인 의료행위를 해드렸다. 4기 유방암, 정말 무서운 암이다. 항암치료를 지속해도 의학적으로 기대수명이 길어도 2~3년 정도밖에 되지 않기 때문이다. 환자분도, 그리고 가족들도 이를 알고 있는 상황이었다.

이미 전이가 많이 된 염증성 유방암인 상태로, 유방 전체적으로 빨갛게 상처가 부어올라 있었고 암성 통증 또한 심했지만 환자분은 늘 웃음을 잃지 않았다. 어떻게 보면 내가 해드리는 드레싱이 유방암의 경과에 특별히 도움은 되지 못할 것인데도, 매일같이 아픈 채혈을 하는데도 나에게 웃으면서 감사하다고 했다. 4기 유방암의 경과를 아는 나로서는 속으로 씁쓸했지만, 그래도 성심성의껏 도와드린다면 병의 경과를 적어도 하루라도 늦출 수 있지 않을까 생각하며 간단한 의료행위에도 최선을 다해드렸다. 그렇게 일주일 정도 하루에 몇 번씩 환자를 볼 때면 가벼운 얘기도 나누며 가까워졌다.

하지만 다음 날부터 갑자기 환자분의 상태가 급격하게 악화되기 시작했다. 말기암 환자들은 이렇듯 급격히 악화되는 경우가 많다. 바이탈 사인(vital sign, 체온, 맥박, 호흡, 혈압을 가리키는 말로 활력징후라고 한다. 인간의 생명을 나타내는 중요한 지표다.)이 흔들리기 시작했고, 반나절마다 호흡과 혈압이 눈에 띄게 떨어졌다. 교수님은 이제 임종의 시간이 다가오고 있음을 느꼈고 환자 가족들을 모두 부르라고 했다. 그렇게 3일 후 환자는 생을 마감하였다.

고인의 몸 여기저기에 삽입되어 있던 여러 관을 제거하는 것도 나의 업무였는데, 이를 '사후 처리'라고 한다. 유가족들의 통곡소리를 들으며 관을 제거하는데 나도 같이 울음을 터뜨렸다. 관을 제거할 때마다 고인의 신체를 조금 접촉해야 하는데, 그럴 때마다 닿는 고인의 몸은 차가웠고 어떠한 미동도 없었다. 사후 처리를 마치고 대성통곡하는 유가족께 고생 많으셨다고 인사를 드리며 방을 나왔다. 뒤이어 담당 간호사 선생님이 들어가 장례 절차를 안내해주셨다. 이렇게 또 하나의 생명이 끝을 맺었다.

나는 이때 의사로서 처음으로 멘탈이 깨졌다. 의사가 된 지 몇 개월 안 된 내가 처음으로 눈앞에서 지켜본 임종이었다. 환자를 잃는다는 것이 한 명의 사람으로서 너무나도 받아들이기 힘들었다. 또한 아무리 연명치료를 하는 말기암 환자분이지만 크게 해드릴 수 있는 게 없다는 사실도 나를 무기력하게 만들었다. 앞으로도 의사로서 이런 순간이 많이 있을 텐데, 미래에 닥칠 안 좋은 일들을 또 마주하기 두려웠다. 이후 며칠간 돌아가신 환자 생각에 우울한 나날을 보냈다.

하지만 나는 무너진 멘탈을 극복해내야 했다. 의사로서 앞으로 더 많은 환자를 봐야 하기 때문이다. 물론 그 환자분은 이미 말기암 상태였기에 해줄 수 있는 게 많이 없었지만, 그렇다고 해서 그 무기력함에 사로잡혀 의사로서의 사명감을 다하지 않으면 안 된다. 이때의 기억을 마음속에 품고 다음 환자를 진료하고 치료할 때 더 잘해드리고, 만약 비슷한 말기암 상태의 환자가 있다면 환자분, 그리고 가족분들에게 조금 더 신경 써서 진료할 수 있을 것이다.

지나간 시간을 되돌릴 수는 없다. 의사는 환자 한 사람이라도 더 살려야 한다. 우리를 필요로 하는 환자분들은 여전히 많고, 앞으로 계속 있을 것이기 때문이다. 내가 만약 이 슬픔을 극복해내지 못했다면 아마도 의사로서 일을 하기 힘들었을 것이다. 그리고 이것은 나뿐만 아니라 모든 의사에게 해당하는 이야기다. 의사는 환자로 인해 힘들어하면 안 된다. 의사인 나 자신을 지키는 일이 곧 환자를 지키는 일이기 때문이다. 그렇게 나는 멘탈을 복구해내며 조금 더 성숙한 자세를 가진 의사가 되며 한 단계 더 발전할 수 있었다.

사실 멘탈이란 것은 영원히 깨지지 않을 수 없다. 멘탈이 깨졌을 때 비로소 우리는 큰 성장을 할 수 있다. 고난 후에는 항상 배움이 있기 마련이다. 결국 멘탈을 지배한다는 것은 멘탈이 깨졌을 때 어떻게 대처를 하고 어떻게 성장하는지 아는 것이라고 얘기할 수 있다. 이 과정을 여러 번 반복하다 보면 우리는 진정으로 멘탈을 스스로 깨뜨리지 않는 사람이 될 수 있을 것이다. 마지막으로 한 가지만 더 기억하자.

"우리가 궁극적으로 원하는 것은 멘탈을 깨뜨리지 않는 것이 아니라 목표를 이루는 것이다."

멘탈이란 내가 목표를 향해 달려가는 데 필요한 연료를 제공해주는 발전소이지 우리가 원하는 본질은 아니다. 멘탈이 강한 사람들의 특징을 살펴보면, 그들은 대부분 '내가 왜 그랬을까?'보다 '앞으로 어떻게 해야 할까?'에 대해 생각한다. 즉, 과거보다는 미래에 집중한다. 어차피 시간은 흘러가고 과거는 돌이킬 수 없기 때문이다. 그들은 순간적인 감정보다는 성장성에 주목한다.

누구나 완벽한 사람은 없다. 실수도 있을 것이고, 예기치 못한 사고도 있을 것이다. 대한민국의 명의라고 불리는 대학병원 교수님들도 처음부터 명의였을까? 아니다. 그들은 명의가 되기 이전에 크고 작은 실수를 수없이 하며 수많은 환자를 잃어보기도 했을 것이다. 그 과정을 수십 년 반복하며 반성하고, 배우고, 성장해서 결국 명의가 되었을 것이다. 만약 그 하나하나의 사건과 사고에서 멘탈을 지키지 못했다면 그들은 그 자리에 오르지 못하고 중도에 포기했을지도 모른다. 멘탈을 잡고 지켜낸 결과다.

"멘탈은 깨질 수 있다.
다만 우리는 최대한 빨리 복구하고
최대한 많이 배우며 미래에 주목해야 한다."

사람은 본능적으로 더 편안한 상태를 원한다. 힘든 상황을 좋아하는 사람은 없다. 상처받는 것을 피하며 좌절하고 싶어 하지 않는다. 멘탈이 깨지는 것이 두려워 새로운 도전에 주저하기도 한다. 하지만 성공은 실패를 버틴 사람에게 돌아오는 보상이다. 자신의 멘탈이 깨지지 않게만 살다 보면 우리의 멘탈은 깨지지 않겠지만 더 단단해질 기회도 없으며 새로운 도전이나 성취도 없을 것이다.

어떤 일을 할 수 있다고 생각하면 정말로 할 수 있게 된다. 우리는 어제보다는 내일을 생각해야 한다. 일본의 유명 애니메이션 〈짱구는 못말려〉에서 짱구 아빠는 다음과 같은 말을 했다.

"꿈은 도망가지 않는다. 도망가는 것은 언제나 나 자신이다."

멘탈이 깨지는 것을 두려워할 필요는 없다. 우리는 도망가지 않고 처음처럼 꿈을 향해 달려가며 목표를 하나씩 이뤄내면 된다. 멘탈에 대해 달관하는 것, 그것이 우리의 멘탈을 지킬 수 있는 최종적인 방법이다.

점수가 너무 떨어져서
스트레스를 받는데
어떻게 해야 할까요?

공부와 성적 관련해서 스트레스를 안 받는 게 더 이상한 겁니다. 1등이든, 100등이든 모두 스트레스를 받아요. 그걸 참고 이겨내는 자에게 높은 등수가 주어집니다. 그러니까 스트레스를 극복할 수 있는 방법을 찾아내고 점수가 떨어지는 것에 흔들리지 않을 멘탈이 필요합니다. 시험은 끝날 때까지 끝난 게 아니고 시험이 끝나면 다음 시험이 또 기다리고 있습니다.

공부를 하다가 멘탈이 흔들리면 이렇게 생각해보세요.

하나, 나 혼자 공부하는 것이 아니다. 다른 경쟁자들도 마찬가지로 공부하고 있고 나보다 높은 등수의 사람들은 보이지 않는 곳에서 나보다 더 공부하고 있다.

둘, 반대로 나보다 등수가 낮은 사람들은 나보다 공부를 못하는 것이 아닌 운이 나쁘게 나보다 성적을 못 받은 것이다.

셋, 공부는 내가 원해서 하는 것이며 혼자 하는 것이다.

넷, 남들도 다 해야 하는 공부, 내가 더 공부해서 성적을 잘 받으면 이득 아닌가?

'아, 왜 나만 이럴까?'라고 자책하는 태도는 좋지 않아요. 저는 학창 시절 수학, 과학 점수는 괜찮았는데 국어, 영어 점수가 안 나왔어요. 당연히 모의고사 볼 때마다 멘탈이 깨졌죠. 그런데 제가 부족한 걸 인정했어요. 다만 여기서 더 노력해서 점수를 올리자는 생각에만 집중했어요. 멘탈은 깨질 수밖에 없어요. 그 깨진 멘탈을 잊을만한 더 강력한 의지가 필요해요. 우리는 멘탈을 안 깨뜨리기 위한 인생을 사는 게 아니라 목표를 성취하고 싶으니까요.

정말 공부를 포기하고 싶은 순간이 왔다면 모든 걸 중단하고 전원을 꺼야 해요. 저는 그럴 때 그냥 자버려서 그 순간의 감정을 잊어요. 일어나서 다시 하면 좀 낫더라고요. 아니면 좋아하는 일을 했어요. 저는 제가 좋아하는 사람들을 만나면서 기운을 얻었어요. 사람들에게 위로도 받고 조언도 받으면서 시간을 보내면 많이 희석되더라고요.

에너지를 얻는 방법은 사람마다 다릅니다. 위안을 주는 장소나 행복을 주는 나만의 것을 만들어 보세요. 그리고 에너지는 한 곳에서만 나오는 게 아닙니다. 한 곳만 파다 보면 고갈이 되기도 하고요. 적어도 2~3곳의 에너지 우물을 만드세요. 우물은 사람, 연애, 취미, 식욕, 운동, 공부 등 다양합니다. 새로운 좋은 자극들로 스트레스를 메울 에너지를 채워 넣으세요. 그리고 초연한 자세가 필요합니다. 어차피 인생사 한 번에 마음대로 되지 않아요. 잘 극복하기를 바랍니다.

6장

스스로 행동하고
스스로 동기부여하라

한 번쯤 힘들고 목표의식이 흐려질 때
내가 왜 이 고난을 겪어야 하는지,
나의 첫 마음은 무엇이었는지,
내가 왜 이 길을 선택했는지
생각해보면 좋을 것이다.

원하는 것을 이루려면
고생하는 건 당연하다

제3자의 입장에서 나를 바라보기

나는 서울 강남에 위치한 피부과에서 일을 한다. 이곳은 2021년 4월에 오픈한 곳으로 개원 1년 만에 국내 피부과 브랜딩 파워 1위를 차지할 정도로 인기가 많은 곳이다. 하루 내원 고객수가 300명을 넘나들며 타 피부과와는 차별화된 서비스와 고객 경험을 제공함으로써 우리나라 최고의 피부과가 될 곳이라고 생각한다. 좋은 병원에서 일하는 것은 즐겁고 감사한 일이지만 그만큼 일이 많아서 힘들기도 하다. 근무시간은 아침 10시 30분부터 저녁 8시 30분까지다. 퇴근을 하고 집에 오면 밤 10시 정도가 되는데 하루 종일 시술을 해서 몸이 뻐근하고 극도의 피곤함이 몰려온다. 들어오자마자 간단히 씻고 잠시 쉬고자 침대에 누웠는데 너무나도 편하고 아늑해서 눈이 점점 감겼다.

그 순간 나는 누워 있는 나의 모습을 돌이켜보게 되었고 이렇게 가다간 오늘 밤에 해야 할 일을 못한 채로 잠들겠다는 생각을 했다. 퇴근 후에 침대에 눕는 안락함은 너무나도 달콤했지만 이를 경계하며 몸을 일으켜 다시 일어났다. 그 찰나의 순간은 너무 힘들었지만 일어나고 나서는 다시 정신을 차리며 기운이 났다. 그렇게 다시 의자에 앉아 컴퓨터를 켜고 스타트업 일을 새벽까지 하며 하루의 일과를 마무리했다. 만약 내가 안락함에 취해 일어나지 못했다면 일어나고 나서의 상쾌함과 성취감을 느끼지 못했을 것이다.

조감도(bird's-eye view, 鳥瞰圖)라는 단어가 있다. 설계 및 건축 분야에서 사용되는 용어로, 지표를 공중에서 비스듬히 내려다보았을 때 모양을 그린 그림이라는 뜻인데, 말 그대로 새가 하늘에서 땅을 내려다보는 것을 의미한다. 조감도처럼 우리는 우리의 모습을 돌아볼 필요가 있다. 현재의 나를 제3자로서 바라볼 수 있는 자기객관화가 필요하고 그에 따른 자기 평가와 자기 자극이 있어야 한다. 그렇게 된다면 지금 내가 어떤 상태인지 알 수 있고 그것이 스스로 행동하고 동기부여하는 힘을 줄 수 있다. 목표를 이루는 데 있어서 그 어떤 것보다도 내부에서 스스로 끌어올린 동기부여보다 강한 것은 없다.

나는 단순히 좋은 병원에서 일하는 의사만 되고 싶지 않았기에 남들보다 더 큰 노력을 해야 한다고 생각했다. 다른 사람들은 일이 끝나고 피곤하면 집에서 유튜브를 보면서 쉬거나 친구들과 술을 한잔 기울이며 근무 스트레스를 풀어내겠지만 나는 스타트업을 통해 세상을 변화시키고 싶은 원대한 꿈을 가지고 있는 즉, 더 큰 목표가 있는 사람이다. 원하는 것이 있고 그것을 이루려면 고생하는 건 당연하다. 고생 없이 이루어지는 목표는 없다. 가치 있는 일인 만큼 고생이 따라오는 것은 당연하다. 반대로, 고생 없이 얻어지는 것은 그만큼 가치가 없던 일일 수도 있다. 세상에 쉽게 이루어지는 무언가는 없다.

———— 공부를 대하는 태도가 잡혀 있어야 부지런한 삶을 산다

공부에서도 마찬가지다. 모든 학생이 동일한 시간에 같은 학교 수업을 듣지만 성적 차이는 존재한다. 어떤 학생들은 학교 수업이 끝난 후 추가로 학원을 다니기도 하고 부족하면 과외까지 받는다. 학원이 끝나고 나서도 밤늦게까지 독서실에서 공부를 한다. 왜 이렇게까지 할까? 바로 남들보다 한 문제를 더 맞추기 위해서다. 물론 공부의 본질이 남들보다 한 문제를 더 맞추는 것은 아니다. 하지만 남들보다 더 뛰어나다는 역량을 증명해낼 수 있는 것이 바로 성적이고 그것이 인생 성공을 위한 하나의 작은 발판이 될 수 있다.

나는 더 나아가 학교 수업 쉬는 시간 10분 동안에도 공부를 했다.

보통 고등학교 하루 수업이 8교시니까 쉬는 시간만 다 합쳐도 하루에 1시간이 거뜬히 나온다. 그뿐만 아니라 점심시간이 1시간이었는데 점심시간이 시작하자마자 학교 자습실로 이동해서 수학 문제를 풀었다. 이동하는 그 짧은 2~3분 동안에도 영어 단어를 외웠다.

점심시간이 20분 정도 남았을 때 그제서야 급식실로 가서 밥을 먹었다. 20분이라는 시간은 밥을 먹기에 충분한 시간이었고 1시간이라는 시간은 나에게 활용할 수 있는 황금 같은 시간이었다. 더욱이 남들이 쉴 때 내가 더 공부하니까 그 차이는 2배가 되었고 나는 학교에서만 다른 학생들과 1시간 30분 이상 노력의 차이를 낼 수 있었다.

사실 힘든 순간들도 많았다. 무엇보다도 다른 친구들은 방과후에 놀이터에서 뛰어놀고, PC방을 가고, 쉬는 시간에 게임을 하며 놀고 이성친구와 연애도 하는데, 당연히 어린 마음 한편에는 아쉬움이 가득했다. 하지만 나는 그럴수록 마음을 다잡았다. 무언가를 이루기 위해 고생하는 것은 당연하다는 대전제를 믿었다. 나는 전교 1등을 해서 좋은 대학에 가고 싶었고 내가 원하는 공부를 하면서 내가 원하는 인생을 살며 성공을 즐기고 싶었다. 스스로 동기부여를 줌으로써 나는 행동하고 실천하며, 결국은 목표를 이뤄냈다.

그 고생은 작은 차이부터 시작한다. 남들보다 5분 더 일찍 일어나고, 남들보다 단어 1개 더 외우고, 남들보다 5분 더 늦게까지 공부하면 된다. 정말 쉽지 않은가? 그 작은 차이들이 모이다 보면 어느 순간부터는 넘보지 못할 격차로 벌어진다. 하지만 여기서 멈추지 않고 전교 1등까지 올라가기 위해 계속 작은 차이를 모았고 결국 1등이라는 목표를 이뤄냈다. 그러고는 1등을 완고히 유지하자는 목표를 스스로 잡았고 2등과의 격차를 더 크게 내기 위해 더 노력했다.

아이러니하게도 1등이 되기 전보다 1등이 되고 나서 더 큰 노력을 했다. 그동안 고생했기에 1등이라는 목표를 이뤄냈다는 것을 나 스스로 인지했고 여기서 조금 더 고생하면 더 높은 목표를 성취해낼 수 있겠다는 생각이 들었다. 성공은 작은 차이의 총합이다.

나는 학창 시절 공부를 하면서 고생의 가치와 성취의 보람을 깨달았다. 이것이 내가 20대를 열심히 살게 한 마음가짐이자 원동력 중 하나였다. 여기서 주목할 점은 10대 때 공부를 잘해야 성인이 되어서도 성공한다는 것이 아니다. 바로 '공부를 대하는 태도'가 10대 때부터 잡혀 있어야 성인이 된 이후에도 부지런한 삶을 살 수 있다는 것이다.

"10대 때 공부하면서 성취를 맛본 자들이
성인이 되어서도 성취하기 위해
끊임없이 노력하고 발전하며,
그것이 결국 성공으로 이어진다."

그런 의미에서 학창 시절부터 공부를 하는 것이 중요하고 그 과정에서 공부를 대하는 태도와 자세를 익히는 것이 매우 중요하다.

　그리고 대학을 다니고 병원에서 일을 하며 사업을 하면서 인생에 공짜는 없다는 격언이 정말 인생의 진리 중 하나라는 것을 깨달았다. 꾀를 부려서 작은 노력으로 큰 성과를 얻어낸다 한들 그것은 길게 가지 못하는 모래성일 뿐이다. 진짜 성공은 노력의 고생에서 나온다. 고생하고 성취하자.

누구나 누구든
될 수 있다

'동호쌤, 항상 존경스러워요. 의사 일만 해도 멋진데 다른 일은 또 어떻게 하세요?'

구독자 중 한 명이 나에게 던진 질문이다. 이 질문에 나는 누구나 무엇이든 할 수 있다고 답해주고 싶다. 능력이 안 돼서 못하는 경우도 종종 있겠지만 하지 않기 때문에 못하는 경우가 훨씬 더 많다는 것이 나의 분석이다. 어떤 사람들은 못할 것 같다는 생각으로 시도조차 하지 않는다. 이래서 안 되고, 저게 준비되지 않아서 안 되고 등 하지 못할 핑계를 찾는다. 작은 시도조차 하지 않는다면 대체 무엇을 얻을 것인가?

작은 시도조차 하지 않고 삶에 불평만 하고 무의미한 시간을 보낸다면 인생은 달라지지 않는다. 하고자 하는 마음이 있다면 무언가 시도해 봐야 한다.

유튜브를 예로 들어보겠다. 유튜브 채널이 흥행하기 시작하면서 일반인들도 쉽게 유튜브를 하는 시대가 됐다. 10만 유튜버, 100만 유튜버가 생기면서 일반인들이 인플루언서가 되고 연예인급의 대우를 받으며 큰 소득을 올리는 경우도 많이 생겼다.

심지어는 6살짜리 어린아이가 나오는 키즈 유튜브 〈보람튜브〉가 수백만 구독자를 모으며 수백 억대의 건물을 샀다는 기사가 나오면서 그 흐름은 가속화됐다. 이런 현상을 보면서 '나도 유튜브나 해볼까?'라는 생각을 가지는 직장인들이나 일반 근로자들이 많이 생겼다. 하지만 생각만 하고 실천한 사람은 10%가 채 안 되고 실천한 사람들 중에서도 10%를 제외하고는 한두 번 영상을 올리고 구독자 100명을 채우지 못한 채 그만두곤 했다.

유튜브를 해보자는 생각을 한 사람 전체의 1%만이 꾸준히 영상을 올리고 0.1%만이 구독자 1,000명 이상을 넘기며 유튜버의 삶을 시작하게 된다. (참고로 구독자 1,000명이라고 기준을 잡은 이유는 주변 지인들만 통해서 구독자를 늘리는 것은 보통 100명까지가 한계고, 이후로는 정말 콘텐츠로서 혹은 마케팅적 요소를 잘 활용해야 1,000명을 채울 수 있는데, 이때부터는 어느 정도 구독자 층이 생기기 때문에 열심히 한다면 구독자를 꾸준히 확보할 수 있는 것으로 분석했다. 이 때문에 1,000명부터가 유튜버로서 최소 시작점으로 보았다.) 만약 구독자 1,000명을 넘긴 이 0.1%의 사람들을 일반인 유튜버로서 성공이라고 가정했을 때 유튜브를 하고자 했던 사람들의 비율을 분석하면 다음과 같다.

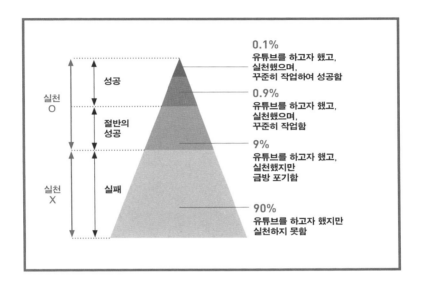

위 4가지 유형을 비교해본다면 실천만 해도 상위 10%에 들 수 있다. 실천 후에도 꾸준히 한다면 상위 1%가 될 수 있다. 여기서 공부를 더하고, 남들보다 더 뛰어난 콘텐츠를 만든다면 상위 0.1%로 성공할 수 있다. 여기서 내가 강조하고 싶은 것은 실천하고 꾸준히 하기만 해도 상위 1%가 될 수 있다는 것이다. 그리고 여기서 능력이 조금만 더 받쳐주고, 남들보다 조금만 더 공부하면 그게 바로 성공의 방법이라는 것이다.

따라서 나는 생각한 것을 실천하고, 꾸준히 하고, 남들보다 조금 더 공부하면 그게 성공으로 우리를 이끌 것이라고 생각한다. 우리는 모두 같은 24시간을 살고 있다. 누군가는 평범한 인생을 사는데, 누군가는 더 큰 목표를 향해서 더 큰 성취를 이뤄낸다. 그 차이는 무엇인가? 바로 앞에서 말한 것이 그 답이다. 그래서 나는 '누구나 누구든 될 수 있다.'는 생각이 지배적이다.

'하면 된다.'라는 격언이 있는데, 그보다는 이렇게 얘기하고 싶다. 하면 100% 된다는 보장은 없지만 무언가를 얻기 위해서는 일단 해야 한다. 하는 것만으로도 성공 가능성을 100배 높일 수 있다. 그리고 거기서 조금만 더 노력하면 100% 성공할 수 있다.

나 또한 마찬가지 경우였다. 의대생이던 시절, 나는 친구들과 잘 지냈지만 대체로 조용하고 평범하게 지내는 학생이었다. 처음에 내가 의대생 유튜브를 하겠다고 했을 때, 정말 좋은 아이디어라며 응원해주는 친구들도 있었지만 사실 "네가 무슨 유튜브야?"라며 비판적으로 바라보는 친구들이 대부분이었다. 그 친구들은 속으로 유튜버란 무언가 대단한 능력이 있고 연예인급의 외모를 가지고 있거나 방송에 나오는 유명한 사람이 하는 것이라고 생각했을 것이다. 즉, 할 만한 사람이 하는 것이라고 여겼기에 평범한 의대생인 내가 유튜브를 하겠다는 말에 비아냥거린 것이 어찌 보면 당연한 반응이었다.

학창 시절 내내 공부만 하고 의대에 진학해서 의대 공부만 했던 내가 무슨 능력이 있었겠는가? 촬영이나 편집은커녕 유튜브 채널을 만드는 법조차도 몰랐다. 주변에 유튜브를 하는 사람도 없었다. 카메라도 없었고 조명이나 마이크도 없었다. 그리고 이것들이 필요한지에 대한 개념조차 없었다. 말 그대로 무지(無知) 그 자체였다.

나는 우선 '하는 것'에 집중했다. 〈의학과, 의예과 대나무숲〉이라는 페이스북 페이지에 출연자 모집공고를 올렸다. (줄여서 의대숲이라고 하는데 우리나라에서 대표적인 의대생 커뮤니티 중 하나로, 의대생들을 위한 익명 소통 창구다.) 전국에서 수십 명의 의대생들이 지원했고 나는 여기서 8명의 출연자를 뽑았다. 지금 생각해보면 아무것도 없는 채널이었는데도 불구하고 인기가 대단했다. 한 달에 50만 원씩 받던 용돈에서 늘 몇 만 원씩은 쓰지 않고 저축을 했는데 모았던 200만 원을 카메라와 조명, 마이크를 사는데 썼고, 나머지 비용은 스튜디오 대관비로 지출했다.

돈이 부족했기에 내가 직접 촬영하고 새벽까지 편집을 했다. 정말 초보적인 편집만 하는데도 영상 1분당 편집 1시간이 걸렸으니, 10분짜리 영상 하나를 완성하려면 10시간이 걸렸다는 것을 생각하면 지금도 참 아찔한 고생이었다. 카메라를 무엇을 사야 할지, 촬영 시 조명은 어떻게 해야 하는지, 마이크 설정은 어떻게 하는지 유튜브를 보며 독학했다. 우리 채널의 콘셉트를 잡았고, 각 출연자에게 캐릭터를 부여했으며, 어떤 콘텐츠를 기획할지 고민했으며, 어떤 목표를 가지고 나아갈지 비전을 제시했다.

영상 퀄리티는 좋지 않았지만 그래도 투자한 비용에 비해서는 나쁘지 않은 결과물이 나왔다. 나의 노력과 출연자들의 염원이 담겨서인지 시작부터 성과가 좋았다. 당시에는 의대생이 무언가를 하는 것 자체가 특별한 것이었기에 여기서 알고리즘의 도움을 많이 받았던 것 같다. 물론 '의대생'이라는 콘텐츠의 잠재력에 주목한 것이 큰 덕택이었는데 이것은 나의 통찰력과 역량이긴 했다. 그래서 평범한 의대생들로만 이루어진 〈의대생 TV〉는 유튜브 개설 3개월 만에 구독자 1만 명을 달성했고 약 1년 만에 구독자 10만 명을 달성하며 실버 버튼을 받을 수 있었다. 성공이었다. 성공은 실천과 꾸준함, 그리고 남들보다 조금 더 노력하는 것에서 왔다. 우리는 멋진 유튜버들을 보면서 우리와 다른 사람이라고 생각하지 않고 우리도 저렇게 되자는 마음을 가졌다. 그리고 그 사람들처럼 될 수 있다는 희망을 가지고 유튜브에 임했다. 누구나 누구든 될 수 있다. 단지 하지 않아서 못 하는 것이다.

정해진 성공은 없다

조금 더 과거를 돌이켜보면 나에게는 인생의 묘미가 느껴질 만한 신기한 이력이 있다. 나는 예과 1학년을 울산대에서 다녔는데 3학점짜리 교양으로 '영화 만들기'라는 수업을 들었다. 나보다 7살 많은 졸업학기에 있던 형들 3명과 함께 B급 코믹물을 찍었는데, 결과는 형편없었지만 어쨌든 이 수업으로 인해 카메라를 잡아보곤 했다.

예과 2학년 시절에는 홍대에 '상상유니브클래스'라는 대학생 대외활동이 있었는데 그중에서 '영상편집' 클래스에 들어갔다. 형, 누나들 3명과 함께 작업했는데 마찬가지로 결과물은 별로였지만 이때 내가 영상을 기획하고 직접 촬영하며 편집해보는 기회가 있었다. 그냥 우연히 했던 활동들인데 이것들이 내가 유튜브를 하는데 아주 큰 도움이 되었다. 내가 만약 카메라를 잡아보지도 않았다면 유튜브를 하는데 선뜻 용기가 나지 않았을 것이다. 이걸 보면 참 인생은 재미있다는 생각이 든다. 의미 없는 순간은 없다. 내가 의미를 부여하면 그것은 의미가 된다.

마지막으로 TV나 유튜브, 기사나 SNS를 보다보면 어떤 한 분야에서 성공한 사람들을 볼 수 있다. 우리는 그런 사람들을 보면서 멋있다고 생각하는데 그들을 '나와 다른 사람'이라고 생각하는 사람들이 많다. 성공한 사람 대부분은 무언가 특별한 능력이 있어서, 혹은 좋은 환경이 뒷받침해줘서 성공한 것이 아니다. 대부분은 뒤에 숨은 노력이 있다. 처음부터 잘하는 사람은 없으며 수천 번의 넘어짐 끝에 성공에 다다른 것이다. 즉, 처음부터 성공하는 사람은 없다. 우리 또한 노력하면 성공할 수 있다. 나에게 스스로 동기부여를 주고 싶을 때는 가끔 성공한 사람들의 인터뷰나 성공 스토리를 보면서 자극을 받는 것도 좋은 방법이다.

내가 스타트업을 시작한 이유 또한 비슷하다. 처음부터 나와 유튜브 〈의대생 TV〉를 같이 했던 1기 출연자인 장지호 대표가 있다. (워낙 친한 사이기에 호칭을 편하게 하겠다.) 지호는 약 배달, 비대면 진료 서비스 플랫폼인 〈닥터나우〉 앱을 운영하는데 2022년 6월 기준 누적 투자금액만 500억이 넘는 슈퍼앱으로 성장하고 있다. 우리나라 스타트업 업계에서 가장 핫한 기업 중 하나라고 얘기할 수 있다. 지호는 2018년 나와 유튜브를 함께하면서도 학업과 스타트업을 병행했다.

당시에는 지금의 나처럼 정부지원사업인 예비창업패키지에 선정되어 아직 시작 단계에 있던 때였다. 함께 촬영을 하며 스타트업에 대해서 얘기를 들었는데, 아직 아무것도 없는 상태였고 준비할 것이 많았기에 지호가 참 힘들어보였다. 솔직히 말해서 그때는 지금처럼 엄청난 회사가 될 줄은 몰랐다. 옆에서 유튜브로든, 마케팅으로든 도와주면서 지호가 잘 되기를 바랐다. 그리고 3년 반이 지난 지금은 거대한 스타트업 대표가 되었다.

이러한 성공 신화를 옆에서 지켜보면서 나는 생각했다. '스타트업, 나도 할 수 있지 않을까?' 바로 옆에서 누군가가 성공한 모습을 봤기에 나도 할 수 있겠다는 희망이 생겼고 자극이 되었다. 나는 이 친구 덕분에 스타트업을 용기 있게 시작할 수 있었다. 지호는 내가 스스로 동기부여할 수 있도록 해준 최고의 친구 중 한 명이다. 주변에 좋은 사람이 있는 것도 인생에 참 중요한 요소다.

실천과 꾸준함, 노력만 있다면 누구나 누구든 될 수 있다.

내가 선택한 길에는
이유가 있다

내가 왜 이 길을 선택했는지 질문하라

내가 처음으로 피부과에서 일을 할 때였다. 서울아산병원 가정의학과 전공의를 그만두고, 2개월 후 작은 피부과의원에서 일을 했다. 사실 피부과 병원이라기보다는 미용적인 부분을 해결해주는 클리닉이라고 설명하는 것이 사람들이 이해하기 더 편할 것 같다. 이 의원은 울산대 의대 16년 선배이자 '넛지헬스케어(캐시워크)' 대표인 나승균 선배가 운영하는 곳이었다. 내가 의대생 시절부터 사업이나 진로에 대해서 많이 배웠기에 친분이 있는 나 선배 아래에서 한번 일해보고 싶었다. 참고로 캐시워크는 2021년 매출액만 500억이 넘고 2022년 6월 기준 국내 누적 다운로드 수만 1,800만 명이 넘는 우리나라 헬스케어 산업을 리드하고 있는 기업이다. 이는 사업자로서 선배를 존경하는 이유가 되겠다. (물론 많은 가르침을 주는 인생의 선배로서도 존경하기도 한다.)

보통 미용을 다루는 피부과는 가격이 비싸고, 또 예약을 미리 하지 않으면 시술을 받지 못하는 경우가 많다. 하지만 내가 일하게 된 병원은 합리적인 가격과 예약 없이도 시술을 받을 수 있도록 시스템을 최적화하여 인기가 많은 곳이다. 그 말인 즉슨, 고객이 아주 많다는 뜻이다. 당시에 봉직의로 일하는 나와 그리고 다른 원장님 이렇게 둘이서 진료를 했는데 하루에 최고 110명이 내원했다. 심지어 나는 대학병원에서 일을 하긴 했지만 피부과 일은 처음이라서 모든 것이 낯설었고 배울 것 투성이었다.

기본적인 보톡스, 레이저, 리프팅 시술부터 조금 더 스킬이 필요한 필러까지 빨리 배워야 했는데 보통 고역이 아니었다. 이것도 의료업이니까 조심히 시술해야 하고, 부작용도 고려해야 하며, 개인별로 피부 상태나 근육량, 지방 정도가 다르기 때문에 맞춤화하여 시술을 해야 한다. 생명을 다루지 않는다고 해서 어렵지 않은 게 아니다. 나는 여기서 또 한 번의 긴 배움의 시간을 가졌다.

처음에는 설렘과 동시에 긴장이 되어서인지 즐겁기도 하고 일에 집중을 할 수 있었다. 하지만 취직한 지 한 달쯤 지나면서 내가 이 일을 길게 하지는 못할 것 같았다. 단순히 '힘듦'에서 시작된 감정이 '하기 싫다.'는 생각까지 들게 되었다. 가끔은 내가 만약 3개월 전 대학병원을 그만두지 않고 전공의를 계속 했다면 어땠을까를 생각해보기까지도 했다. (물론 그때도, 지금도 다시 대학병원으로 돌아가지는 않을 것이다.)

잠시 생각에 잠겼다. '내가 왜 이걸 해야 할까?' 분명히 이 병원은 내가 선택한 것이고 이 피부미용업 또한 내가 선택한 것이다. 배움은 당연한 것이고 인기가 많은 병원이니 환자가 많은 것은 당연하다. 모든 것을 알고 들어갔고 모든 것은 나의 선택이었다. 그렇다면 '나는 왜 이 길을 선택했을까?' 그 이유를 파헤쳐봤다.

〔내가 ○○ 피부과의원에 들어온 이유〕

1 예전부터 피부과에서 일을 해보고 싶었다
2 피부과 경력을 쌓으면서 기술을 익히고 싶었다
3 생활비를 벌면서 스타트업을 위한 자금을 마련하고 싶었다
4 존경하는 선배 아래에서 일하면서 배워보고 싶었다
5 직장을 다시 다님으로써 부모님의 불안과 걱정을 덜어드리고 싶었다
6 친한 동생에게 피부과 일을 가르쳐주고 싶었다

정리해보면 위처럼 크게 6가지의 이유가 있었다. 이렇게 이유를 나열하고 나니, 피부과 일을 '하기 싫다.'는 생각은 마법처럼 사라졌다. 육체적 피곤함은 여전했지만 정신적 피곤함은 거의 없어졌다. 내가 왜 여기서 일을 해야 하는지 돌아봤고 이곳을 선택한 이유를

돌이켜보니 모든 고민이 풀렸다. 내가 선택했던 길에는 이유가 있다는 것이다. 이곳은 내가 스스로 선택한 병원이고 이것은 내가 스스로 선택한 업이었다. 그렇게 나는 힘들지만 즐겁게 다시 일을 시작했다.

선택의 이유를 알면 나라는 사람이 보인다

여기서 또 하나 주목할 점이 있다. 1~6의 이유를 보면 어떤 것이 느껴지는가? 내가 이 길을 선택한 것에는 외부적인 요인도 있다는 것이다. 6가지 이유 중에서 4, 5, 6번 이렇게 3가지는 선배, 부모님, 친구가 이유에 들어있다. 내가 존경하는 선배, 감사하는 부모님, 아끼는 동생을 생각하며 힘든 피부과 일을 버티고 해낼 수 있는 힘을 얻었다. 이렇듯 무언가 힘을 얻고 싶을 때 내부뿐만 아니라 외부에서 찾아보는 것도 좋은 방법이다. 가끔은 내부적인 요인보다 외부적인 요인이 힘든 상황에서 나를 지탱해줄 수 있는 버팀목이 되기도 한다.

스타트업을 준비하면서도 마찬가지였다. 물론 정말 준비하고 신경 쓸 것이 많은데 그중 설명하기 쉽게 사무실 이야기를 해보고 싶다. 나는 정부지원사업인 예비창업패키지에 선정되어 수천만 원의 지원금을 받았다. 적은 돈일 수 있지만 아직 제대로 스타트업을 시작하지도 않는 예비창업자에게는 큰 돈이기도 있다. 스타트업 〈제로

헬스)는 환자 커뮤니티를 구축하여 의료 빅데이터 사업을 바라보는 회사다. 지원금의 대부분은 외주개발과 직원 인건비로 사용된다. 다른 스타트업들은 자금이 부족하여 사무실은커녕 직원도 두지 않는 형편인데, 우리는 처음부터 제대로 해보자는 마음에 조금 욕심을 내서 사무실까지 얻어보기로 했다. 하지만 우리의 예산은 너무 적었고 이 예산에 맞는 사무실을 구하기란 정말 어려웠다.

난생 처음으로 공인중개사에 방문해서 다짜고짜 월 40만 원짜리 3명이 들어갈 수 있는 사무실이 있냐고 물었다. 서울에서 월 40만 원짜리 사무실은 어림도 없었다. 아주 허름하고 좁은 곳도 최소 월 50만 원이었다. 물론 저렴하더라도 너무 허름한 곳은 내 마음이 허락하지 않았다. 그렇게 여의도부터 구로까지 공인중개사를 다니며 사무실을 여기저기 보고 다녔다. 무더운 여름, 장마철이었다. 차가 없어서 모든 곳을 두 발로 걸어 다녔다.

당시에는 나름 내가 의사인데 돈을 적지 않게 벌 수 있고 또 모아 놓은 돈도 조금 있으니까 좋은 사무실을 구하고 싶다는 생각을 했다. 하지만 그 내면에는 근사한 사무실을 갖추고 싶어하는 약간의 사업적 허영심도 섞여 있었을 것이다. 사실 이러한 허영심은 사업에 크게 도움이 되지 않는다. 오히려 예산을 넘겨 재정에 악영향을 미칠 수 있다.

마음을 다시 고쳐먹었다. 지금은 월 몇십만 원 단위지만 나중에 분명히 회사가 커지고 인원이 많아지면 강남에 더 큰 사무실을 구해야 할 것이다. 그때는 최소 월 몇천만 원 단위가 될 것인데 그때도 '내가 의사고 돈이 조금 있으니까.'라는 마인드가 가능할까? 불가능하다. 주어진 예산 안에서 최선의 선택을 내는 것이 대표인 내가 해야 할 일이다. 나중 5년 후, 10년 후를 위해서 지금부터 이런 고생에 익숙해져야 한다.

사무실을 구하면서 많은 고생을 했다. 육체적으로도 고생했지만 무엇보다 월 몇만 원 차이로 고민해야 하는 나의 모습이 싫었다. 그 고민을 하면서 시간을 버릴 바에 차라리 돈을 더 얹어주고 그 시간과 고생을 아끼고 싶었다. 예산 문제로 함께 일하는 동료와 마찰이 생기기도 했다. 여러 문제가 겹치면서 내가 스타트업을 하는 게 맞나 싶기도 했다.

하지만 스타트업은 내가 자유의지로 선택한 길이다. 〈제로헬스〉의 서비스 '다치유'는 환자 커뮤니티 플랫폼이다. 나는 코로나 시국, 대학병원에서 일을 하면서 고립된 환자들을 보며 안타깝다는 생각을 했고 의사를 만나기 위해 하루 종일 기다리고 있는 환자들을 보았다. 그 외로운 환자들을 위해 커뮤니티를 만들어 정신적인 교감을 주고 싶었고 의료 자문이 필요하다면 언제든지 편하고 바르게 물어볼 곳이 필요하다고 생각했다.

그것이 내가 스타트업을 시작한 이유다. 지금 고생하고 있는 이유는 그만큼 나의 꿈이 크기 때문이다. 이 마음을 가진 후 나는 현재의 고민마저도 즐겁게 받아들일 수 있게 되었다. 내가 선택한 길인만큼 어떤 일이 생겨도 즐겁다. 내가 선택한 길에는 이유가 있다. 그리고 즐거운 고생 끝에 사무실도 합리적인 곳으로 구했다. 우리의 첫 사무실이었다.

한 번쯤 힘들고 목표의식이 사라질 때 내가 왜 이 고난을 겪어야 하는지, 나의 첫 마음은 무엇이었는지, 내가 왜 이 길을 선택했는지 생각해보면 좋을 것이다. 그것이 스스로 행동하고 스스로 동기부여 하는 최고의 방법 중 하나다.

의지박약에 무기력합니다. 강한 의지를 갖는 법이 궁금해요

저는 무기력이란 '무언가를 하고 싶은 마음이 크지 못하다.'라고 표현하고 싶어요. 그리고 이건 무기력을 이겨낼 수 있는 최후의, 그리고 최고의 방법인데요. 무엇이든 내가 잘하는 것을 해보세요. 잘 못하는 것은 흥미를 떨어뜨릴 수있으니 일단 하고 싶은 일을 해보세요.

강한 의지를 갖는 법이라…. 저는 제가 예전에 이뤄놓은 게 있으면 그걸 상기해 보고 의지를 불태워요. 저는 자신이 정한 가치관대로 사는 것이 가장 보람찬 인생이라고 생각합니다. 저는 발전할 때 보람을 느끼는 편이에요. 내가왜 이런 꿈을 꾸게 되었는지 그 이유를 찾는 거요. 가치관이 확고할수록 의지박약에 빠지지 않을 수 있어요. 계속 달려가게 할 수 있는 원동력이죠. 나에 대한 믿음 또한 여기서 나오고요.

'어차피 시험에 합격하기 어려운데 공부하는 게 맞는 걸까?'

'이 목표를 실현하기 힘들 걸 알면서도 도전하는 게 맞을까?'

의지가 부족해지면 자꾸 스스로 의심하게 됩니다. 하지만 될지 안 될지는 아무도 모르는 것입니다. 시도하지 않으면 0%고, 시도하면 0%가 아니게 되죠. 원하고자 하는 것이 있다면 지금 고생하는 건 당연하고, 쉽게만 되기만 바란다면 그건 양심이 없는 거라고 스스로 되뇌세요. 다른 사람의 성공 스토리 기사나 인터뷰 보는 것도 동기부여에 좋아요. 원하는 목표가 있고 그것 때문에 힘들어한다면 적어도 목표가 없는 사람들보다 성공한 인생이에요.

그렇다면 '내가 원하는 일'은 어떻게 찾을 수 있냐고요? 저는 인생이 선택의 결과로 만들어진다고 생각해요. 저는 의대 예과 2학년 때 자의적으로 유급을 당했어요. 그때의 경험, 감정, 생각이 지금의 나를 만들었어요. 내가 원하는 일인지 아닌지 아는 방법을 물으면 안 돼요. 생각하지 마세요. 그냥 내가 원하는 길을 가야 해요. 가다 보면 원하던 길이었을 겁니다.

과거의 노력은 지금의 나를 존재하게 해주는 것이며, 미래의 나를 위해서는 또 다른 현재의 노력이 필요한 것입니다. 즉, 현재의 나태함은 나를 과거에 두는 것과 같아요. 과거에 만족한 채 살면 나의 잠재력을 가두며 내 찬란한 인생을 좀먹는 독임을 잊지 마세요. 동기부여를 내부적으로 충분히 받지 못할 때는 외부에서 찾아봐도 괜찮아요. 예를 들어, 나보다 성적이 안 좋은 친구에게 가르쳐주기 위해 내가 공부한다고 생각해보세요. 즉, 책임감을 더해보세요.

공부든 일이든 최고가 되기로 결심했다면 충동에 따르기 보단 계획을 따라야 합니다. 남의 이야기에 신경 쓰지 않고 자신의 길을 가세요. 남들이 쉬운 선택을 할 때 어려운 선택을 할 수 있어야 성공에 가까워 집니다.

7장

자기 반성은
나를 성장시킨다

세상은 '가진 것'과 '가질 것'으로 구분할 수 있다.
이미 가진 것보다는 앞으로 가질 것에 주목하라.
아직 갖지 않았다는 것은
곧 모든 것을 가질 수도 있다는
가능성을 의미하기도 한다.

객관적인 자기 평가를 통해
판단하라

도전하기 전에 리스크를 저울질하라

'동호쌤, 저는 의사의 꿈을 가지고 있는 30살입니다. 수험생 시절 삼수까지 했지만 성적이 잘나오지 못해 결국 의대에 진학하지 못했습니다. 의사라는 꿈에 대한 미련이 아직도 남아있는 상황인데, 지금이라도 다시 도전해봐도 괜찮을까요?'

구독자분들에게 많이 듣는 질문 유형이다. 참 난감한 질문이다. 선불리 '된다.', '할 수 있다.', '노력은 배신하지 않는다.' 등 좋은 말을 해주기에는 어려운 상황이다. 왜냐하면 나이도 적지 않은데 지금 와서 도전을 하려면 너무 많은 것을 포기해야 하기 때문이다. 의대에 갈 정도가 되려면 시간이나 금전적인 비용도 굉장히 많이 들 것이고, 또 그렇게 투자한다고 하더라도 정말 의대에 입학할 성적이 나온다는 보장도 없다. 더욱이 오랫동안 수험생활을 하지 않은 사람이라면 최신 수능 경향에 적응하는 것도 한참 걸릴 것이고 10년 전에 비해 수능 난이도도 엄청나게 올라갔을 것이며 공부 머리가 이미 굳었을 수 있다. 즉, 리스크가 너무 크고 성공 가능성도 불분명한 상태다. 이런 경우에는 나는 아래처럼 조언을 해준다.

'현실적으로 어떠한 목표를 이루기 위해 많은 시간과 노력이 든다면, 성공 가능성과 현재 나의 리스크를 저울질해서 할지 말지 스스로 판단하길 바랍니다.'

꿈을 이루기 위해 노력하는 것은 응원할 일이지만 그보다 선행되어야 하는 것은 바로 객관적인 자기 평가다. 객관적으로 안 될 가능성이 99% 이상인데, 그 1% 미만의 성공 가능성을 위해 모든 것을 투자하는 것은 합리적이지 못하다. 일확천금을 위해 낮은 확률에 도박하는 것과 다름이 없기 때문이다. 그러나 객관적으로 될 가능성이 어느 정도 되고, 실패하더라도 다시 다른 길로 돌아갈 여지가 있는 상황이라면 도전을 해보는 것도 괜찮다. 못이기는 싸움에 무리하게 도전하기보다는 이길 수도 있는 싸움에 적극적으로 도전해보는 것이 중요하다. 내가 이길 수 있는 가능성이 얼마나 될지 판별하려면 나에 대한 평가를 객관적으로 할 수 있어야 한다.

실제로 내 주변에도 그런 친구가 있다. 어린 시절부터 공부를 열심히 했던 친구인데, 중학교까진 성적이 우수한 편이었으나 고등학교 때 성적 향상이 멈춰 적당한 상위권에 머물렀던 친구다. 이 친구는 의대에 가고 싶었으나 아쉽게도 현역 때 수능 점수가 의대에 갈 만한 점수는 나오지 못해 SKY 공대에 진학했다. (물론 이것도 굉장히 잘한 것이다. 의대 점수에 미치지 못했을 뿐이다.) 하지만 의대를 너무 가고 싶었고, 그렇다고 합격한 대학을 놓기에는 아쉬웠으므로 일단 입학을 해놓고 바로 휴학을 해서 반수 준비를 했다.

두 번째 수능은 현역 때와 비슷하게 성적이 나왔다. 그렇게 다시 삼반수를 했고, 오히려 성적이 이전보다 더 떨어졌다. 한 번 더 사반수를 했고 성적은 비슷했다. 그리고 군대를 갔다. 내가 생각하기에 사실 여기까지 했으면 충분히 도전해봤다고 생각한다. 학창 시절 공부를 그래도 꽤 했었고 나이도 많지 않고, 실제로 성적도 SKY 공대 정도까지는 꾸준하게 나오는데 의대에는 아쉽게 못 미치는 성적이 계속 나왔기 때문에 도전해볼 만하다고 생각했다. 하지만 사반수가 끝나고 군대를 가게 되면 사실상 더 이상의 의대 도전은 성공 가능성이 현저하게 낮다고 판단했다. 나이가 점점 들어가니 리스크도 커지고 머리도 점점 굳기 시작할 것이다.

군대 전역을 하고 나서는 도전을 그만하지 않을까 싶었으나 그 친구는 계속 도전을 했고 결국 10년 가까운 시간이 지난 지금도 의대 진학을 하지 못했다. 아마도 지금은 예전에 합격했던 SKY 공대를 다니고 있긴 하겠지만 지금 내 또래 친구들은 이미 취직을 해서 사회생활도 어느 정도 한 상태며 결혼도 준비 중인데, 그 친구는 이제야 대학교 2학년 정도 되었을 것이다. 만약 중간에 자기 평가를 객관적으로 잘해서 성공 가능성과 리스크를 잘 따졌다면 그래도 조금 더 낫지 않았을까 싶은 아쉬움이 있다.

하지만 반대의 경우도 있다. 우리 〈의대생 TV〉에 3기로 출연했던 최용수 형의 얘기다. 그는 28살에 의대 입학에 성공하여 예과 1학년이 되었다. 그는 현역으로 서울대 공대에 합격했고 군대도 갔다 왔으며 문제없이 학부를 졸업했다. 그리고 신의 직장이라고 불리는 공무원직인 수자원공사에 입사하여 1년 6개월 동안 일을 했다. 그의 나이 27살 때 더 안정적이고 성공의 가능성이 큰 미래를 꿈꾸며 수자원공사를 퇴사하고 의대 진학을 위해 공부했다.

그리고 6개월 만에 바로 성적을 끌어올려 동국대 의대에 합격하게 되었다. 용수 형의 경우를 봤을 때, 사실 나이가 적지 않은 편이었음에도 불구하고 될 만한 사람이었고 성공 가능성이 꽤 높았다고 생각한다. 물론 서울대 공대를 붙을 정도로 애초에 공부 베이스가 된 사람이었지만 대학생 시절 때도 공부를 놓지 않았고, 끈기가 있는 성격이었으며, 더 큰 성공을 위한 의대 입학이라는 분명한 목적의식이 있었기 때문이다. 용수 형 또한 본인이 나이가 다소 있는 편이었어도 '해볼 만한 게임'이라고 생각했다고 한다. 즉, 자기 평가를 객관적으로 함으로써 도전을 해봤던 셈이다.

공부 말고 다른 얘기도 있다. 나는 〈의대생 TV〉를 지금까지 4년간 운영했는데 지금껏 내가 나온 콘텐츠 영상은 불과 3~4개밖에 되지 않는다. 나는 정기적으로 나오는 출연자가 아니고 가끔 필요할 때만 한 번씩 나오며 출연자로서 별 생각이 없기도 하다. 간혹 주변 친구들이나 팔로워분들이 〈의대생 TV〉 출연자로 나올 생각이 없냐고 물었는데 이때도 비슷한 생각이었다. 나는 출연자가 아닌 PD로 더 걸맞은 사람이라고 생각했다. 나는 사람을 관리하고, 방향을 제시하는 기획자나 리더로서 더 능력이 있었고, 출연자들은 구독자들에게 끼를 발산하며 즐거움을 선사하는 능력이 있었다.

그리고 객관적으로 내가 나를 봤을 때 출연자로서 매력이 있는 외모는 아니었고 성격적으로도 생글생글하게 구독자들에게 웃으며 다가가는 것과는 거리가 조금 멀었다. 이렇게 나는 나 자신을 객관화함으로써 출연자가 아닌 PD의 역할을 계속하게 됐다. 내가 갖지 못한 능력에 대해서는 다른 누군가가 해주면서 함께 성장하면 그걸로 충분하다고 생각했다. 내가 무엇을 잘하고 무엇이 부족한지 알면 훨씬 더 마음이 편하고 성공에 가까워질 수 있겠다는 느낌이 들었다.

이렇듯 무언가 목표를 설정할 때는 우선 자기 평가를 철저하게, 냉정하게 하는 것이 필요하다. 나에 대해서 칭찬을 아끼지도 말고, 마찬가지로 비판을 아끼지 말아야 한다. 칭찬에는 비용이 들지 않고 스스로를 비판한다고 해도 나 말고는 아무도 모르니 부끄러울 일이 없다. 하지만 많은 사람이 스스로를 칭찬하는 것을 민망해하거나 자만할까 봐 두려워 지양하고, 스스로를 비판하는 것을 부끄럽게 생각해 피하려고 한다.

하지만 목표를 위해서는 나 스스로를 평가할 줄 알아야 하고, 평가를 통해 목표를 세우면 성공의 가능성은 이전보다 훨씬 더 높아질 것이다. 나의 성공을 위해서 나를 한없이 칭찬해주고 한없이 비판해주자. 칭찬은 나에게 동기부여를 주고 비판은 나를 단단하게 성장시켜줄 것이다.

단점은 극복하고
장점은 극대화하라

단점은 극복하면 된다

나는 소위 말하는 야행성 인간이다. 물론 낮에도 일을 열심히 하지만, 밤에 일을 더 잘하는 타입이다. 조용한 새벽에 아무런 방해를 받지 않고 집중이 더 잘되는 탓인 것 같다. 실제로 고차원적인 생각이 필요한 업무나 공부를 낮보다 밤에 하는 것이 2배 이상 더 잘 된다. 아마도 나 같은 사람이 많을 텐데 야행성 인간의 가장 큰 단점은 바로 아침 일찍 일어나기 힘들다는 것이다. 나 또한 마찬가지다. 직장을 다닌 지 3년이 넘은 28살인 내가 아직도 아침에 잘 일어나지 못하다니 어른으로서 참으로 부끄러운 일이다.

하지만 나는 새벽에 일을 하지 않으면 안 된다. 왜냐하면 늦은 밤에 고민을 할 때 새로운 생각들이 샘솟고, 어려웠던 업무를 잘 고민하고 해결해낼 수 있기 때문이다. 즉, 낮에는 못할 일을 해결할 수 있고, 업무효율도 2배 이상 높기 때문이다. 차라리 낮에 1시간 낮잠을 자더라도, 밤에 30분 더 일을 하는 것이 이득이라고 생각했다. 나의 장점을 극대화한 것이다.

나의 단점은 아침에 스스로 일어나지 못하는 것이다. 더욱이 쓰리잡을 하며 하루 종일 일해서 피로가 많이 쌓여 있고, 건강도 좋지 않을뿐더러, 선천적으로 청력도 많이 떨어진 몸 상태를 가지고 있다. 아침에 일어나지 못하면 일을 잘하는 것을 떠나서, 학교나 직장 등 사회적인 기능을 하기 힘들어진다. 아무리 일을 잘해도 매일 지각하는 사람을 직장에서 좋게 볼 수 있을까? 절대 아니다. 그건 기본이 안 된 것이다.

내가 단점을 극복했던 팁을 공유해본다.

첫째, 외부인에게 도움을 요청한다. 나는 아침에 잘 깨어나지 못하는 나의 단점이 부끄럽긴 했지만 그것보다는 우선 이 단점을 극복해야겠다고 다짐했다. 밤에 일을 안 할 수는 없으므로 다른 방법을 생각한 것이다. 하루 4시간밖에 못자는 상황에서 건강을 회복하더라도 피로는 여전히 쌓여 있어 한계가 있었고 신체적으로 떨어져 있는 청력을 다시 살려내는 것은 불가능하다. 그래서 찾은 방법은 바로 외부인이다. 같이 사는 부모님이나 룸메이트의 도움을 받아 매일 아침 늦지 않게 일어날 수 있었다. 이렇게라도 단점을 극복해야 인생을 더 효율적으로 살 수 있고, 그래야 내가 원하는 바를 이룰 수 있다고 생각했다.

한편, 나는 장점을 갖고 있다. 바로 집중력이다. 학창 시절부터 고난도 수학 문제를 하나 물면 몇 시간이고 놓지 않고 풀어내는 습관이 있어서인지 어떤 것 하나에 꽂히면 해결할 때까지 집중력을 잃지 않는다. 덕분에 어려운 일이 있을 때 끝까지 고민하여 슬기롭게 해결할 수 있었고, 무엇을 하더라도 끝장을 보게 되는 '해결사'가 될 수 있었다.

둘째, 잠시 내려놓을 수 있어야 한다. 굉장히 좋은 습관일 수 있지만 때로는 이 집중력이 단점이 될 수 있다. 예를 들어, 고민을 해도 해결할 수 없고 시간이 가길 기다려야 할 문제도 있기 마련인데, 그런 문제에도 계속해서 집중하는 것이다. 잠깐 옆에 내려놓고 다른 것을 하면서 시간이 지나가길 기다려도 되는데, 성격이 그러지 못해 낭패를 봤던 경우도 종종 있다. 또, 집중을 하다 보면 식욕까지 잊어버릴 때가 많은데 때문에 식사를 거를 때가 많았다. 저녁을 거르면서도 어떤 어려운 문제를 밤 12시에 해결하면 그동안의 허기짐을 보상받을 수 있었고 그게 값진 성취라고 생각을 했다. 하지만 그러다보니 건강은 악화되어 있었고 체중은 줄었다. 일을 잘하는 것도 중요하지만 건강을 잃으면 아무 의미가 없다.

내가 롱런하려면 이 집중력의 단점을 해결해야만 했다. 여기서는 나와 스타트업을 함께하고 있는 공동 대표님의 역할이 컸다. 내가 병원을 뛰쳐나오고 직장이 없는 채로 스타트업을 준비했을 때, 공동 대표님과 함께 살았던 적이 있다. 공동 대표님은 간호사로, 아침 8시 반에 출근해서 오후 5시 반에 퇴근을 하고 다시 집에 돌아온다. 나는 보통 아침 늦게 일어나 점심을 간단한 도시락으로 대충 때우고 커피를 한 잔 한다. 그리고 오후 2시부터 본격적인 일을 시작했다.

일을 하다 보면 오후 6시가 되고, 공동 대표님은 퇴근을 하고 들어온다. 그때 나는 일에 집중하다 보니 식욕이 없었고 지금 일이 잘 되니 차라리 밤늦게 야식을 먹겠다고 했고 저녁은 혼자 먹으라고 했다. 하지만 공동 대표님은 절대 안 된다며, 나를 억지로 끌고 가서 저녁을 먹게 했다. 사실 기분이 좋진 않았지만 나도 식사는 제때 해야 건강에 좋다는 것을 알기에 그렇게 강제적으로라도 끼니를 제때 챙겨먹을 수 있었다. 그렇게 지금도 좋은 건강은 아니지만 잘 버티며 나아가고 있다.

셋째, 늘 겸손한 태도를 유지한다. 나는 고집이 세다. 고집이 세다는 표현은 보통 단점으로 많이 여겨지는데, 가끔은 뚝심 있게 밀고 나가는 장점으로 작용할 수도 있긴 하다. 그러나 고집이 세다 보니 다른 사람들의 의견을 잘 받아들이지 못하고 '내가 제일 잘났다.'는 나르시즘에 빠지기 쉽다. 처음에 〈의대생 TV〉를 기획했고 내가 생각한 방향대로 촬영을 이끌었는데 영상이 모두 높은 조회수를 기록하며 채널이 말 그대로 대박이 났다. 그 성취감에 '아, 내가 영상기획 쪽으로 능력이 있구나.'라며 오만한 생각을 했다. 당시 우리는 흰 배

경의 스튜디오에 가만히 앉아서 콘텐츠에 대해 토크만 했다. 처음에는 잘 됐다. 그렇게 2년이 지나도, 3년이 지나도 계속 이 형태를 고집했다.

그러나 미디어란 것은 항상 같은 포맷으로 갈 수 없다. 아무리 맛있는 음식이라도 며칠 연속으로 먹으면 맛이 떨어지지 않겠는가? 예전 내가 성공했던 과거의 영광을 돌이키며 내 기획을 고집했다. 2~3년이 지나고 보니 내 기획은 말 그대로 구닥다리 기획이었고 실제로 조회수도 많이 떨어졌다. 이때 유튜브를 같이 관리해주던 친한 동생이 다른 채널들이 어떻게 하는지 보라고 조언을 해줬고, 흰 배경 스튜디오에 가만히 앉아 있지 말고 서서 해보거나 야외촬영을 한다거나, 아니면 아예 연기 쪽으로 도전해서 숏무비를 만들어보자는 의견을 내줬다.

처음에는 받아들이지 않았지만 점점 내 기획이 통하지 않는 것을 내 눈으로 확인하니 결국 동생의 조언을 받아들였고 결국 더 높은 조회수를 기록할 수 있었다. 고집을 꺾으니 조금 더 성장할 수 있었다. 가끔은 내가 틀릴 수 있다는 것을 인정해야 한다는 것을 깨달았던 순간이었다. 사람은 언제나 겸손해야 한다.

"사람이 항상 장점만 있을 수는 없다.
그리고 장점이 어떨 때는 단점이 될 수 있다."

인생을 잘 살기 위해서는 나의 단점이 무엇인지 알고 그 단점을 극복해내는 것도 마찬가지로 중요하다. 단점을 스스로 극복해내기 힘들다면 타인에게 도움을 요청할 수도 있다. 어떻게든 단점을 극복하면 그걸로 충분한 것이다.

——— 당신이 가장 잘할 수 있는 일에 집중하라

타고난 자신의 단점을 극복하는 것은 쉬운 일이 아니다. 많은 시간과 노력이 필요하고 또 그러한 노력을 했더라도 극복되지 않을 확률이 높다. 게다가 단점을 극복하기 위한 노력과 시간으로 인해 나의 장점이 사라져 버리기도 한다. 단점을 극복하려 노력하기보다는 장점을 극대화하는 것이 더 쉽고, 나에게 실질적인 이득을 줄 수 있다. 우리는 더 쉽고 효과적으로 자신을 발전시키는 방법을 익혀야 한다.

세상에 완벽한 사람은 없다. 아무리 사회적으로 성공한 사람이라도 한두 가지 단점은 갖고 있다. 하지만 사람들은 성공한 사람들을 바라볼 때 그들의 단점에 주목하지 않는다. 사람들은 그들의 강점에 주목한다. 그들은 자신의 장점과 강점에 집중하고 극대화시켜서 성공의 자리에 오른 것이다. 그러니 지금 당신이 가장 잘할 수 있는 일에 집중하라. 당신의 장점을 최고 수준으로 끌어올린다면 지금 당신이 생각하고 있는 자신의 단점이 무엇인지 기억도 안 나게 만들 수 있다.

여기서 가장 중요한 것은 나의 장점이 무엇인지, 단점이 무엇인지 아는 것이다. 나의 장점에 대해서는 자랑스럽게 여기되 단점에 대해서는 부끄럽게 여길 필요는 없다. 모든 점에서 완벽한 사람은 없기 때문이다. 나의 장단점을 고려하며 인생을 살아가는 것이 완벽에 가까워지는 사람이다. 그러기 위해서는 자기 반성을 통한 자기 평가가 선행되어야 한다. 나를 아는 자가 곧 성공할 수 있다. 나를 나대로 받아들일 수 있는 자가 결국엔 승리할 수 있다.

감정이나 생각을
논리적으로 분석하라

우리는 가끔 어떤 감정이나 생각에 빠지고 곧이어 그것에 매몰된다. 그게 좋은 일이든 나쁜 일이든 말이다. 좋은 일이 있으면 자랑스러움을 넘어 자아도취에 빠질 수 있고 나쁜 일이 있으면 단순히 반성을 넘어서 자책감에 빠지기도 한다. 우리는 기계가 아닌 인간이기에 적절히 감정을 느끼는 것이 더 나아갈 수 있는 원동력이 되기도 한다. 하지만 어떤 상황에서든 우리는 감정에 깊게 빠져서는 안 된다. 우리의 발전을 위해 더 중요한 것은 왜 우리가 그런 감정이 드는지 분석하고, 그것을 토대로 다음에 어떻게 나아가야 할지 정하는 것이다.

예를 들어, 한 고등학생이 기대에 미치지 못하는 모의고사 결과를 보고 슬퍼하는 상황을 생각해보자. 우리는 사람이기에 당연히 낮은 점수를 보고 일차적으로 느끼는 감정이 슬픔이나 아쉬움인 것은 당연하다. 그런데 여기서 슬픈 감정이 더 뻗어나가면 다음 모의고사 때도 노력했는데 점수가 나오지 않을 것 같다는 두려움이 엄습한다.

더 나아가 실제 수능, 더 길게는 인생을 어떻게 살아갈지에 대한 막연한 걱정마저 하는 경우가 있다. 즉, 감정에 빠져버린 것이다. 물론 걱정을 할 수는 있지만 그 걱정에 매몰되어 버린다면 자신감이 떨어지고, 곧이어 공부에 대한 의지가 떨어질 수도 있다. 이 정도로 감정에 빠져버리게 되면 자신이 왜 슬픈지도 정확히 모르게 되는 경지에 다다르게 된다.

하지만 여기서 누군가는 그 부정적인 감정을 더 노력해서 다음 시험에는 점수를 반드시 올리겠다는 긍정적인 의지로 승화하는 사람도 있다. 여기서 중요한 것은 바로 '감정에 대한 분석'이다. 내가 왜 슬픈 감정을 느끼는지 생각해볼 필요가 있다. 슬픈 이유는 기대에 미치지 못하는 성적을 받았기 때문이다. 그렇다면 어떻게 해야 할까? 다음에는 기대를 충족하는 성적을 받으면 된다. 아주 쉬운 문제다.

많은 사람이 이 쉬운 문제에 대한 해답을 알고 있지만 스스로 그 문제를 파악하지 못해서 해답을 내지 못하는 경우가 많다. 문제의 본질을 알기 전에 감정에 빠져버리기 때문이다. 미세한 차이지만 감정을 분석하라는 것은 굉장히 큰 의미가 있는 격언이다. 이것에는 본인의 문제가 어떤 것인지 정확히 이해하고 그 해결 방법을 찾아내라는 의지를 내포하고 있다.

이런 식으로 하나씩 나의 감정에 대해 분석하고, 문제에 대한 해답을 찾다보면 조금씩 단단해지는 나를 발견할 수 있다. 만약 모의고사를 한 번 못봤던 학생이 위와 같은 과정을 거쳤다면, 다음번에 또 모의고사를 못봤을 때 어떤 마음가짐일까? 이전보다 더 수월하게 감정에 빠지지 않고 문제를 더 빨리, 더 수월하게 해결할 수 있을 것이다. 즉, 감정 분석은 한번 정리해두면 앞으로가 편하다. 마치 수학 공식 같다. 비단 학생들의 시험에만 국한된 이야기가 아니고, 모든 슬픔의 상황에 적용될 수 있는 '공식'이다. 어떤 상황에서도 이겨낼 수 있는 자신만의 공식을 찾아내면 좋다. 이것이 바로 감정을 분석하라는 이유의 본질이다.

유튜브를 운영하면서도 자신만의 공식을 찾아내는 것은 도움이 되었다. 사실 〈의대생 TV〉는 굉장히 많은 난항을 겪었다. 몇몇 출연자들의 안 좋은 사건들로 인한 하차가 있었고 2020년 8월, 전국 전공의 파업과 공공의대 논란으로 인해 불특정다수에게 악플과 비난을 받으면서 대외적으로 이미지 손실을 받았다. 또한 내부적으로는 촬영을 위한 자금이 부족하고 조회수 성적이 점점 떨어져 모든 출연자들의 사기가 떨어지기도 했다. 제대로 운영이 되지 않았다. 이 모든 것을 책임지는 대표인 나로서는 참담한 심정이었다. 단순한 슬픔이 아니고 말 그대로 참담했다. 이때 처음으로 패배감이라는 감정에 직면했다.

그 당시 있었던 패배감이 어디서 왔는지도 모를 정도로 혼란스러웠다. 이유를 모르니 문제 해결은 불가능한 것은 당연했고 과거의 순간들을 탓하기도 했다. 하지만 그렇다고 해서 지금의 문제가 해결되는 것은 아니었다. 나는 남아있는 출연자들을 지키기 위해 그리고 나를 위해 이 문제를 해결해야만 했다.

그래서 이때 내가 먼저 한 것은 이 패배감이라는 감정이 어디서부터 왔는지 분석하는 것이었다. 과거에 여러 논란들이 있었어도 시간이 지나면서 상황이 나아지고 조회수 성적을 다시 올려냈다면 아마도 패배감이라는 감정까지는 들지 않았을 것이라고 분석했다.

즉, 패배감의 원인은 과거의 여러 논란 때문이 아닌 논란 이후에 채널을 회복시키지 못한 것이었다. 그래서 나의 문제 해결법, 즉 액션 아이템(action item, 스타트업 및 경영 용어로 어떤 문제가 발생했을 때 해결할 수 있는 조치나 방안을 뜻한다)은 다시 채널 성적을 올리는 것이었다. 당시 자금도 부족했고 출연자들도 사기가 떨어진 상황이었지만 나의 사비를 투자해서 좋은 콘텐츠를 만들어내서 성적을 올린다면 출연자들의 사기도 자연스럽게 올라오고 이어서 광고도 들어와 자금을 다시 마련할 수 있을 것이라고 판단했다.

그렇게 나의 사비를 더 투자하고 콘텐츠 고민을 더 치열하게 했다. 구독자들이 보고 싶다는 콘텐츠를 제작하며 영상 퀄리티를 높였다. 또한 문제가 되었던 출연자에 대해서는 하차를 결정했고 사과문을 올림으로써 채널 이미지를 조금이라도 회복시키고자 했다. 마지막으로 사기가 떨어진 남은 출연자들을 위해 미래의 비전을 제시함으로써 용기를 주었다. 전반적으로 채널이 힘을 얻으면서 우리는 다시 채널 성적을 올려놓을 수 있었다. 만약 여기서 내가 패배감에 빠졌다면 채널 운영은커녕 현재의 〈의대생 TV〉가 남아 있지도 않았을 수 있다. 다행히 감정에 빠지지 않고, 분석하여 문제를 해결해냈다.

성장 마인드셋을 가지고 반응하라

우리는 사람이기 때문에 감정이 있고, 때에 따라 그 감정에 빠질 수 있다. 하지만 우리가 해결해야 하는 것은 '문제'다. 문제가 무엇인지 아는 것이 해결하는 것의 시작점이다. 따라서 우리는 감정에 빠지지 말고, 왜 그 감정이 들었는지 분석해야 한다. 이것이 더 깊은 감정에 빠지지 않는 가장 좋은 방법이다.

그러기 위해서는 우리는 혼자만의 시간이 필요하고 스스로 솔직해져야 한다. 사람들은 부끄러움, 민망함, 열등감, 자격지심 등 부정적인 감정들은 스스로 인정하지 않을 때가 있다. 그런 사람들은 대부분 그 감정의 원인을 외부에서 찾고 남에게 탓을 돌린다. 하지만 정말 발전하고자 하는 사람들은 그러한 감정의 원인을 내부에서 찾는 습관이 있다. 나 스스로 부족함을 찾을수록 내가 발전할 수 있다는 것을 아는 사람들은 정말 그렇게 발전할 수 있다. 자아 성찰이란 나의 부끄러움을 인정하라는 것이 아닌 내가 어떻게 발전해야 하는가에 대한 미래지향적 물음이다.

힘들 때는 잠깐 울어도 된다. 감정의 심연에 빠져 회오리 속을 떠돌지 말고 분출해내야 한다. 그러고 나서 우리는 다시 이성적인 사고를 해야 한다. 힘든 일이 있을수록 그 과정에서 많은 것을 배울 수 있고 마음이 더 단단해질 것이다. 힘든 일은 살면서도 계속 있을 테니 미리 경험하는 예습이라고 생각하면 편하다.

우리는 고정 마인드셋(fixed mindst)보다는 성장 마인드셋(growth mindset)을 가져야 한다. 고정 마인드셋은 미래는 고정 불변하는 것으로 자신이 노력해도 변하는 것은 없다는 믿음이다. 즉, 성공은 전적으로 그 사람이 날 때부터 가지고 있던 재능을 발휘함으로써 가능하다는 마인드다. 반면에 성장 마인드셋은 현재 처한 상황은 자신의 노력에 따라 바꿀 수 있다는 믿음이다. 즉, 성공은 그 사람이 가지고 있는 근성, 노력, 배우려는 자세가 더 중요하다는 마인드다.

누구나 문제가 있으면 해결하면 되고 틀렸다고 생각이 들면 바꾸면 된다. 사람들은 이러한 경험을 통해 성장할 수 있다. 또한 당신이 현재 가진 자질은 단지 성장을 위한 출발점일 뿐이다. 노력이나 전략, 또는 타인의 도움을 통해 얼마든지 길어낼 수 있다. '무엇이든 배울 수 있다.', '더 나아질 수 있다.'라고 믿는 사람은 훈련과 시도를 반복하고, 실제로 더 나아진다. 당신은 언제든지 나아갈 수 있다. 언제, 어디서, 어떻게 당신은 계획을 실천할 것인지 고민하자. 나의 변화를 결정할 수 있는 사람은 오직 자신뿐이다.

마지막으로 항상 감사하다는 생각을 가지는 것이다. 나는 살아 있음에 감사하고, 세상 모든 것에 감사하며, 감사함이라는 가치 있는 감정을 느낄 수 있음에 감사한다. 작은 일에도 감사함을 느끼면 가치 있게 바라보게 된다. 그리고 이것이 인생의 작은 동기부여가 될 수 있다.

공부를 잘하면 꿈을 살 수 있는 돈을 얻는 것과도 같다

——————— **당신이 공부를 잘하면 얻을 수 있는 보상**

인간은 무언가를 할 때 어떤 보상이 있으면 동기부여가 확실해진다. 예를 들어 회사에서 근로자들의 업무량을 평가하여 상위 10%에 해당하는 근로자에게는 기본급여에 더해 추가로 인센티브를 제공한다고 하자. 물론 그렇다고 해서 모든 사람이 더 열심히 일을 하지는 않겠지만 최소한 무언가를 성취하려는 열정러에게는 좋은 자극제가 될 것이다. 인센티브 급여뿐만이 아니라 자신의 업무량이 많았다는 것 자체에서 성취감을 느끼며 더 상위 계급의 자아 실현을 할 수 있고, 더 나아가 좋은 이미지를 쌓으며 회사 내에서 보이지 않게 승진의 기회를 남들보다 더 빨리 얻을 수도 있다.

공부도 마찬가지다. 공부를 잘하면 우리는 얻을 수 있는 것들이 정말 많다. 감히 말하건대, 이 세상에서 공부만큼 쉬우면서 확실하고 얻을 게 많은 것은 없다고 생각한다. 문제는 공부의 과정은 시간이 오래 걸리고, 나와의 싸움이라는 점에서 힘들다는 것이다. 또한 공부를 하다 보면 누구나 지치기 마련인데, 내가 얻을 수 있는 것이 무엇인지 알지 못하면 공부를 버텨낼 힘을 얻기 힘들다. 따라서 우리는 동기부여를 얻기 위해 다음 질문에 대한 답을 알아야 한다. 공부를 잘하면 우리가 얻을 수 있는 이득이 무엇이 있을까? 크게 5가지로 구분해봤다.

첫째, 학벌이다. 공부를 잘할수록 높은 대학을 갈 수 있다. 비단 우리나라만의 이야기는 아니지만 '공부를 잘하는 것이 미덕'이라는 우리나라에서는 특히 학벌에 대한 기대치와 인정하는 정도가 높다. 특별한 재능이 없더라도 대학만 잘 나와도 대부분의 사람이 인정해주는 것이 바로 우리나라의 학벌이다. 이 학벌은 언제 어디서나 유리하고 유효하게 작용한다. 사실 학벌 하나만으로 사람을 평가하는 것은 잘못되었고 능력이나 멘탈, 성격, 비전 등을 평가하는 것이 더 옳지만 현실적으로 그렇게 긴 시간을 두고 사람을 평가하기란 쉽지 않다. 우리는 모든 사람과 깊은 관계를 가지기 어렵고, 짧은 시간 동안 만나는 것이 대부분이기 때문이다. 이럴 때 유효한 지표가 바로 학벌이다.

학벌이 좋은 사람이면 최소한 어느 정도 공부는 했을 것이고 그

것이 곧 능력이나 성실성을 간접적으로나마 반영해줄 수 있다. 사실 지방대를 갈 성적에서 1등급만 올려도 인서울 대학을 갈 수 있고, 인서울 대학에서 1등급만 올려도 서울 명문대를 갈 수 있으며, 여기서 백분위 1%만 올려도 의대를 갈 수 있다. 생각보다 성적의 차이는 크지 않다. 하지만 성적 차이에 비해 학벌이 주는 느낌의 차이는 훨씬 크다. 중고등학교 시절 몇 년만 열심히 공부하면 성인이 되고 나서 수십 년 동안 좋은 학벌의 혜택을 받을 수 있으니, 공부를 해서 얻을 수 있는 가장 큰 이득이 바로 학벌이라 할 수 있다.

둘째, 현실적인 조건에서 우위를 점할 수 있다. 직업, 급여, 가정, 노후 모두 학벌이 좋았을 때 따라올 수 있는 현실적인 조건들이다. 좋은 학벌을 가진 사람이 취업시장에서 유리하고 실제로 취업을 했을 때 급여 등 대우도 좋게 받을 가능성이 높다. 또한 좋은 직업과 괜찮은 급여를 받았을 때 안정적인 가정을 꾸릴 수 있는 가능성이 더 높으며, 이것은 장기적으로 노후 대비에도 좋은 영향을 끼친다. 단순히 학벌이 좋아서뿐만 아니라, 좋은 학벌을 가지기 위해서 공부했던 머리와 성실성은 이후에 어떤 일을 하든지 성공하는 데 있어 필수조건이다.

인생의 첫 관문인 공부와 학벌에서 좋은 결과를 냈던 사람이면 나중에 어떤 일을 하든지 목표를 가지고 성실히 임하고 성취해낼 수 있다는 것이다. 이러한 현실적인 조건들 또한 공부로 인해 얻을 수 있는 소중한 것들이다. 물론 공부를 잘하고 학벌이 좋다고 해서 반드시 좋은 직업을 가질 수 있는 것은 아니다. 공부를 잘하고 학벌이 좋은 것은 성공하기 위한 준비를 할 수 있으며 남들보다 유리한 지점에서 시작한다는 것이다. 결국 취업시장에서 다시 경쟁을 해야 하고 취업을 하고 나서도 회사 내에서 성실히 일을 해야 인생을 안정적으로 살아갈 수 있다.

셋째, 주변 사람들의 인정, 그리고 자신감이다. '엄친아'라는 단어가 있다. '엄마 친구 아들'을 줄여 말하는 단어로 집안이나 성격, 공부, 외모 등 무엇 하나 빠지지 않는 사람을 뜻한다. 공부가 가장 중요한 시기인 중고등학교 시절에는 보통 엄친아란 공부를 잘하는 사람을 뜻한다. 이렇듯 공부를 잘하면 주변 사람들이 모두 인정을 해준다. 물론 그 인정이 나를 실제로 먹여 살리는 중요한 요소는 아니지만 인간에게 인정 욕구는 굉장히 큰 요소 중 하나다. 그리고 그 인정 욕구는 더 큰 성공을 위한 원동력이 될 수 있다.

매슬로우의 인간 욕구 5단계 이론을 보면, 가장 최상단에 위치한 5단계가 바로 자아 실현 욕구다. 이는 자신의 잠재능력을 발휘하고 가능성을 실현하고자 하는 욕구로, 단순 쾌락과는 비교할 수 없는 엄청난 성취감을 준다. 누군가에게 인정을 받는다는 것이 얼마나 큰 동기부여가 되는지는 아는 사람만 안다. 하지만 누군가에게 인정을 받지 않아도 공부를 잘한다는 것 자체만으로 나에게 큰 자신감을 줄 수 있다. 자신감은 단순히 '나는 공부를 정말 잘해!'를 넘어서서 '나는 무엇이든 할 수 있는 사람이구나!'라는 긍정적인 사고체계를 심어줄 수 있다.

이러한 인정과 자신감은 사람을 더 발전하게 만들고, 인생을 살아가는 데 있어서 매우 긍정적인 효과를 줄 수 있다. 즉, 인생 전반적으로 성공할 가능성이 높아진다. 사람마다 성공의 기준은 다르다. 어떤 사람에게는 엄청난 부를 축적하는 것이, 어떤 사람에게는 안정적인 생활을 사는 것이, 어떤 사람에게는 행복한 가정을 꾸리는 것이 성공이라고 생각할 수 있다. 하지만 어떤 성공이든 간에 공부를 잘하면 그 성공에 가까워질 가능성이 더 높아질 수 있다.

예를 들어, 사회나 경제 공부를 많이 했다면 안 한 사람보다 세상이 흘러가는 흐름을 더 잘 파악할 것이고 주식이나 투자를 적절히 한다면 남들보다 더 빠르게 많은 부를 축적할 수 있을 것이다. 또한 마케팅 공부를 한 사람이면 같은 음식점을 열더라도 더 장사를 잘할 수 있을 것이다. '고기도 먹어본 사람이 많이 먹는다.'는 속담이 있다. 이와 비슷하게 공부를 잘해서 무언가 성취를 이뤄낸 사람이면 나중에 무슨 일을 하든지 더 잘해내고 싶을 것이다. 그 '성취의 맛'을 알기 때문이다.

넷째, 인적 네트워크와 세상을 보는 눈이 생긴다. 공부를 잘하고 좋은 대학을 가면 또 하나 좋은 것이 있는데, 바로 환경이다. 좋은 대학에 가면 나와 비슷하거나 혹은 나보다 뛰어난 사람들을 많이 만날 수 있다. '맹모삼천지교'라는 말이 있다. 맹자의 어머니가 맹자의 교육을 위해 세 번이나 이사를 한 가르침이라는 뜻으로, 그만큼 교육에는 주위 환경이 중요하다는 것을 일컫는 말이 있을 정도로 환경은 중요하다. 내가 좋은 직업을 가지듯이 이 사람들도 좋은 직업을 가질 가능성이 높고, 나중에 나이가 들어서 서로에게 도움을 주고받는 관계가 될 수 있다.

친한 사람 중에 의사가 있으면 아플 때 편하게 물어볼 수 있고, 변호사가 있으면 법적인 문제에 휘말렸을 때 도움받을 수도 있으며, 개발자가 있으면 사업 구상을 위해 조언을 받을 수도 있다. 이러한 인적 네트워크는 무시할 수 없는 정도가 아니고, 굉장히 큰 자산이다. 특정 분야에 능력 있는 지인이 있다는 것은 사회에서 아주 큰 이득이다. 또한 이렇게 훌륭한 사람들과 함께 있다 보면 배우는 것이 많고 그에 따라 세상을 보는 눈이 길러지기도 한다. 그리고 함께 생활하다 보면 서로의 좋은 점을 공유하며 함께 성장하게 된다.

수많은 학부모들이 자녀들을 일반고보다 특목고를 보내려고 하고, 동네학원보다 유명 종합학원에 보내려고도 하며, 성적은 조금 떨어지더라도 대치동 학원으로 보내려고 하는 것은 다 이유가 있다. 주변에 어떤 사람이 있고 어떤 환경에 있는지가 나를 성장시키는데 꽤 큰 요소로 작용한다. 그리고 그들과 함께 더 높은 목표를 가지고 성장할 수 있게 된다. 공부를 잘하면 이러한 인적 네트워크와 세상을 보는 눈을 기를 수 있다.

다섯째, 공부는 곧 꿈을 이루기 위한 준비다. 학벌이나 급여 같은 현실적인 조건이나 인적 네트워크 같은 외부적 조건을 넘어서 가장 중요하다고 생각되는 것은 바로 꿈을 이루는 것이다. 사실 꿈이라는 것은 쉽게 설정하기 힘들다. 학창 시절에 공부하는 것 말고는 사회 경험을 해본 적이 없는데 어떻게 꿈을 가질 수 있을까? 단지 주변 어른들이 어떤 직업이 좋다, 아니면 TV나 SNS, 유튜브를 통해 세상을 보며 대략적인 꿈을 상상하는 것밖에 되지 않는다.

즉, 현실적으로 학창 시절에 꿈을 갖기는 어렵다는 것이다. 일찍이 꿈을 가졌더라도 성인이 되고 여러 사회 경험을 하면서 꿈은 바뀔 것이다. 그렇다면 우리는 왜 공부를 해야 하는가? 바로 미래에 정할, 그리고 바뀌게 될, 확실하게 될 꿈을 이룰 준비를 위해 공부해야 한다. 성공한 사업가가 되고 싶은 꿈이 있다고 했을 때, 과연 공부를 안 하고 고등학교 때부터 창업을 시작하면 성공할 수 있는 확률이 얼마나 될까?

물론 극소수의 경우 성공할 수도 있긴 하지만, 최소한 고등학교 과정의 공부는 해야 세상이 돌아가는 실정을 알기에 더 좋을 것이다. 또한 좋은 대학에 들어가서 특정 전공을 깊게 공부해보기도 하고 그곳에서 인적 네트워크를 쌓는 것 또한 중요하다. 이 모든 것들이 나중에 사업을 하기 위한 기본 요소이자 중요한 발판이 될 것이다. 이렇듯 우리가 어떤 꿈을 가질지 모르는 상태에서 나중에 그 꿈을 이루기 위해 공부를 하는 것이 반드시 필요하다는 것이다.

공부만 잘해도 행복을 얻을 수 있다

공부를 잘하면 인생에서 선택권이 많아진다. 단순히 좋은 대학이 나 좋은 직장만을 의미하는 것은 아니다. 공부를 하면 할수록 세상 의 흐름에 대해 더 이해를 할 수 있고, 인정받을 수 있고, 이에 따라 응용할 길이 많아질 것이다. 나는 의대에 와서 의사가 되었다. 의사 라는 직업은 사회에서 인정해주는 전문직 중 하나인데, 그러다 보니 유튜브를 하거나 책을 쓰는 등 다른 여러 가지 활동에 대한 선택권 이 많아졌다. 왜냐하면 의학이라는 분야에서 전문가가 되었으니, 내 가 다른 활동을 하더라도 사람들이 인정해줄 수 있기 때문이다. 물 론 의학뿐만 아니라 미디어나 마케팅 등 사회 흐름에 대한 공부도 병행했기에 가능했던 상황이다. 내가 이룬 모든 것은 공부로부터 왔 다. 그래서 나는 이렇게 얘기하고 싶다.

"공부를 잘하면 꿈을 살 수 있는 돈을 얻는 것과도 같다."

공부를 하면 얻을 수 있는 이득이 너무 많다. 하지만 공부는 긴 시 간이 필요하고, 인내의 과정이 필요하다. 이 과정을 버틸 수 있는 힘 을 얻기 위해 우리가 공부를 하면 어떤 것을 얻을 수 있는지 한 번씩 생각해보면 도움이 될 것 같다.

"공부의 고통은 짧고 우리가 살아갈 인생은 길다. 3년을 참으면 30년이 편하다."

공부만 잘해도 안정적인 인생, 꿈을 이루는 인생, 그리고 행복한 인생을 살 수 있다. 공부를 하다 보면 때로는 쉬고 싶고, 놀고 싶고, 자고 싶은 욕구가 생기기 마련이다. 더욱이 또래와 어울려야 하는 학창 시절에는 더욱 그렇다. 나 또한 중고등학교 시절 공부를 하느라 친구들과 좋은 관계를 유지하긴 했지만 매일같이 어울려 놀기는 힘들었다. 하지만 학창 시절이 끝나고 10년이 지난 지금 그 순간을 돌이켜보면, 당시 나의 자제력을 스스로 칭찬하고 싶다.

만약 학창 시절에 공부를 놓고 놀았다면 그 순간은 즐거웠고 인생에서 잊을 수 없는 추억들을 많이 쌓았겠지만, 지금의 나는 없었을 것이다. 그때 놀고 싶은 마음을 억누르고 공부를 했기에 의대에 진학하여 의사가 될 수 있었다. 학창 시절 남들만큼 추억을 쌓지 못한 것은 조금 아쉽지만, 내가 공부를 해서 얻은 결과물이 훨씬 더 큰 이득이라는 것을 깨달았고 앞으로도 변하지 않을 것이다. 자제력을 키우고 공부를 하면 당신에게 나중에 더 큰 이득으로 돌아올 것이다.

소신 있게 원하는 걸 질렀는데
그냥 안정적인 걸 선택할 걸
후회가 돼요

우리는 어떤 선택을 하기 전에 정말 많은 것을 생각해요. 생각보다 우리 과거의 선택은 충분한 고려가 이루어졌을 것입니다. 그때의 나를 믿어보세요. 어떤 선택이든 후회는 있을 수밖에 없지만 적어도 당시에 원하던 것을 택했으니 그런 면에서의 후회는 없을 것이고, 그것만으로도 합리적인 선택 기준이었다고 생각합니다.

'내가 왜 이 길을 선택했을까?'에 대한 이유를 한번 정리해두면 앞으로가 편해요. 저는 자아 성찰이나 자기 평가를 자주 하는 편인 것 같아요. 감정이나 생각을 논리적으로 분석해요. '내가 지금 슬퍼하는 이유는 무엇인가?' 이렇게요. 혼자만의 시간을 가질 때 주로 그 작업을 합니다. 그런데 해도 안 되는 걸 붙잡고 있으면 안 돼요. 인생은 즐겁고 아름다울 필요가 있으니까요. 그러려면 객관적인 자기 평가가 필요해요.

저의 경우, 유튜브가 잘 되자 내부적으로 강연을 기획해보자는 의견이 있어요. 왜냐하면 우리가 영상을 제작함으로써 수만, 수십만 명의 시청자들에게 도움을 주긴 하지만 오프라인으로 실제로 보는 것보다는 전달력이 떨어지기 때문이었죠. 우리의 열혈 구독자들을 위해서 작은 이벤트 겸 오프라인 강연을 기획하는 것도 좋다고 생각했어요. 하지만 당시 멤버들은 "우리 유튜브가 인기가 있긴 하지만 의대생 주제에 무슨 강연을 할 수 있을까? 규모가 큰 엄청난 회사도 아니고…."라며 자신이 별로 없었지만, 이때가 아니면 앞으로 기회가 없을 수도 있겠다고 생각했고요. 놓치면 후회할 것 같았어요.

그래서 처음에는 서울 강남에서 40명 소규모로 의대 진학을 꿈꾸는 학생들을 위한 작은 강연을 기획했어요. 신청을 받기 시작했는데 놀랍게도 10분 만에 신청이 마감되었어요. 참석자는 중학생부터 20대 취준생까지 다양했고요. 몇몇 학생들은 부모님과 함께 오기도 했어요. 놀랐어요. 작은 강연이었지만 이렇게 많은 학생이 의대를 꿈꾸며 우리를 보고 싶어 하는구나. 기쁨과 동시에 형용할 수 없는 사명감이 들었어요. 최선을 다해 준비했고 3시간 동안 강연과 Q&A, 크리에이터와의 만남을 통해 구독자들에게 줄 수 있는 모든 것을 제공했죠. 기억에 남을 만큼 기쁘고 뿌듯했으며 또 하나의 성취를 이뤘다는 것이 보람찬 순간이었어요.

만약 우리가 스스로 위축하며 강연을 기획하지 않았다면? 이런 형용할 수 없는 기쁨은 물론이고 강연을 기획해보는 경험을 해보지도 못했을 거예요. 소신을 가지고 도전해 기회를 잡으세요. 만약 잘 되지 않아도 그것대로 의미 있는 시도로 남을 겁니다. 실제로 이때 강연을 해본 경험은 이후에도 많은 일에 도움이 되었어요. 많은 사람들 앞에서 발표하는 것을 더 익숙하게 잘하게 되었고 두려움이 사라졌고요. 강연 기획했던 경험을 통해 나중에 또 의대생과 간호대생을 위한 200명 대규모 강연도 수월하게 진행할 수 있었어요. 우리는 기회를 잡았고 성장할 수 있는 기회 또한 잡았습니다.

인생을 사는 3가지 질문

많은 사람들이 바쁜 일상에서 공허감을 느끼고 풍족함 속에서 빈곤함을 느끼며 안정감 뒤로 불안정을 느낀다. 그 이유는 어떻게 살지 모르고, 무엇을 원하는지도 모르고, 정작 자기 자신에 대해서 모르는 경우가 많기 때문이다. 아래 질문들에 대한 답을 할 수 있다면 누구든 잘 살 수 있다.

인생을 사는 3가지 질문은 다음과 같다.

1. 나는 누구인가 – Who I am
2. 무엇을 원하는가 – What I want
3. 어떻게 살 것인가 – How I live

우선 나에 대해서 아는 것이 먼저다. 나의 성격이나 능력, 역량을 기반으로 좋아하는 것, 잘하는 것, 하고 싶은 것 이렇게 총 3가지를 알아야 한다. 이 3가지의 교집합에서 가장 이상적인 삶의 방향이 나온다.

다음으로는 무엇을 원하는지 알아야 한다. 이를 위해서는 나 스스로 솔직해져야 할 필요가 있다. 재력, 명예, 권력 등 우리가 원하는 욕망은 굉장히 다양하다. 많은 사람들이 이러한 욕망을 '세속적인 것'이라고 여기고, 이것을 추구하는 것은 바람직하지 못한 삶이라고 이야기하는 경우가 많다. 하지만 인간은 욕망의 동물이다. 그 솔직한 욕망으로부터 우리의 삶은 시작된다.

마지막으로 우리는 어떻게 살 것인지를 정해야 한다. 추구하는 욕망이 같더라도 삶의 과정은 다양하다. 높은 연봉을 받는 직장에 다니거나 고소득의 전문직이 될 수도 있고, 사업가가 되거나 장사를 할 수도 있다. 혹은 주식이나 투자 등 재테크나 부동산을 할 수도 있다. 하지만 더 중요한 것은 겉모습이 아닌, 내가 어떤 가치관을 가지고 살아가느냐는 것이다. 안정성을 추구하는지, 발전성을 추구하는지, 아니면 도전성을 추구하는지 등 삶의 가치관은 다양하다. 이 가치관은 내가 어떤 모습으로 살고 있는지가 아닌, 앞으로 어떻게 살아갈지에 대한 해답을 스스로에게 줄 수 있을 것이고, 결국 현재의 삶을 풍족하게 영위하게 만들어줄 것이다.

결국 모든 것의 시작은 내가 어떤 사람인지에 대한 고찰부터다.

꼭 1등을 해야 성공하는 것이 아니다. 꼭 억만장자가 되어야 성공하는 것이 아니다. 꼭 높은 곳으로 올라가야 성공하는 것이 아니다. 꼭 남들이 알아줘야 성공하는 것이 아니다. 성공의 열쇠는 자신에게 있다. 우리 각자의 인생에서 성공을 정의해보자. 성공은 남들과의 비교에서 오는 것이 아닌, 내가 살고자 하는 인생의 방향에서 온다. 그래서 우리는 누구든 성공할 수 있고, 누구든 행복할 수 있다. 당신이 어떤 사람이든지 말이다.

이 책의 제목인 《공부를 대하는 태도가 인생을 바꾼다》는 인생의 모든 것을 함축하고 있다. 인생의 모든 것은 공부로부터 오기 때문에, 10대 학창 시절부터 공부하는 습관이 잘 잡힌 자들이 20대 사회 초년생과 그 이후에도 성공적인 인생을 살아갈 가능성이 높다는 뜻이다. 사회에서 어떤 일을 하든지 우리는 반복을 통한 학습을 해야 하고, 시간이 지나면서 응용함으로써 특정 분야에서 자신만의 영역을 가진 전문가가 될 수 있다. 처음부터 성공해내는 천재는 이 세상에 없다. 공부를 통해서만 성공을 이뤄낼 수 있다.

또한 어린 시절 공부로 어떤 목표를 이루고 성취를 맛본 자들이 '목표 → 노력 → 성취 → 또 다른 목표'로 이어지는 성공의 사이클에 탑승할 수 있다. 무언가 한 번도 성취해보지 못한 사람은 노력의 가치와 성취의 보람을 절대 알 수 없다. 그렇다면 무언가 목표를 세울만한 원동력도 없을 것이고, 그렇게 성공과는 영영 멀어질 것이다. 하지만 무언가 한 번이라도 성취해본 사람이라면 노력이라는 힘듦이 얼마나 가치 있고, 성취감이 얼마나 기쁜 일인지 알 수 있다. 그렇기에 어떤 일에 실패하더라도 다시 일어설 힘을 스스로 끌어낼 수 있고, 노력을 통해 성취의 보람을 느끼겠다는 마음가짐을 가지고 목표를 향해 달려갈 수 있을 것이다.

사람마다 정의하는 성공의 의미는 다르다. 하지만 적어도, 당신이 성공적인 인생을 살고 싶다면 지금 당장 공부를 해야 한다. 공부만 해도 당신이 정의하는 성공에 한 걸음, 한 걸음 다가갈 수 있을 것이다. 이 책이 당신의 공부 인생에 터닝 포인트가 되기를 바란다.

성적을 올리는 7가지 전략

1. 전체 목차와 학습 목표를 확인하라

공부를 시작할 때 중요한 것은 바로 내가 어떤 공부를 하는지 아는 것, 그리고 어떤 목표를 가지고 공부를 해야 하는지 아는 것이다. 내가 어떤 걸 공부하는지도 모르는 상태에서 주입식으로 수업만 듣는다면 공부의 질은 떨어질 수밖에 없고 나중에 기억에 잘 남지도 않을 것이다. 공부했던 내용을 100% 가까이 흡수하기 위해서는 내가 무엇을 어떤 목표로 공부해야 하는지 아는 것부터 시작이다.

2. 나만의 기호를 활용하라

필기를 할 때는 나만 알아볼 수 있는 기호를 사용하는 것이 중요하다. 남들이 알아보지 못하게 암호를 만들라는 것이 아니고, 나만의 기호를 사용하면 그만큼 필기가 빨라지고, 나중에 필기를 보면서 공부할 때 이해가 더 잘될 것이다. 중요한 것에 별표를 치는 것과 마찬가지다. 하지만 중요한 모든 것을 별표로 똑같이 표시하다 보면 나중에 봤을 때 뭐가 정말 중요한지 모를 수 있다. 나는 문제를 풀면서 새롭게 깨달은 것이 있으면 문제 옆에 'ㅇㅎ(아하)'를, 틀리기 쉬운 문제라고 판단되면 '주의'를, 나중에 다시 공부할 만한 가치가 있는 문제라고 생각되면 'RE'라고 적었다. 나만의 별표를 다양하게 활용할수록 필기 속도와 이해력이 늘어난다.

3. 맞은 문제도 다시 확인하라

문제를 풀 때 많은 사람들이 틀린 문제만 보는 실수를 범한다. 내가 맞은 문제에서 답이 아닌 다른 보기에서도 배울 점이 있다. 문제를 만드는 사람의 입장에서 생각해본다면 허무맹랑한 보기를 만들었을까? 헷갈리게 만들기 위해 다양한 보기들을 넣어놨을 것이다. 정답이 아닌 보기들을 공부하다 보면 더 넓게 시야를 확보할 수 있다. 그리고 맞은 문제 중에서도 확실하지 않게 정답을 찍은 문제도 있을 것이다. 99%는 100%가 아니다. 조금이라도 몰랐던 부분이 있으면 반드시 짚고 넘어가야 한다.

4. 궁금한 것은 반드시 질문하라

처음 배우는 사람은 모르는 것이 당연하다. 수업을 듣고도 모르는 것이 있으면 반드시 질문해야 한다. 다른 학생들의 눈치를 봐서, 선생님께 죄송해서, 내가 모르는 것을 남에게 알리기 싫어서, 질문의 수준이 낮을까봐 걱정이 돼서 질문을 하지 않다 보면 결국 모르는 채로 지나가게 된다. 이렇게 하나씩 구멍이 나다 보면, 나중에는 걷잡을 수 없이 큰 구멍이 생길 것이다. 반대로 모르는 것을 매번 질문하며 탄탄히 쌓아가면 이후로도 더 넓은 이해력으로 공부를 할 수 있다.

5. 늘 실제 시험인 것처럼 공부하라

많은 사람이 공부는 열심히 했는데 시험을 망칠 때가 있다. 그 이유는 바로 시험 상황에 익숙하지 않아서. 시간을 오래두고 생각하면서 문제를 풀면 당연히 맞을 가능성이 높아진다. 문제를 풀다가 모르는 부분이 있으면 '실제 시험이 아니니까' 책을 찾아보면서 문제를 푸는 경우도 있다. 하지만 이러다 보면 실제 시험에서 망칠 가능성이 높다. 공부에 있어서 우리는 스스로에게 관대하면 안 된다. 모르는 부분이 있으면 다시 배우면 된다. 공부를 안일하게 하면 실제 시험에서는 망칠 수 있다. 공부의 가장 이상적인 형태는 공부할 때는 많이 틀렸다가 실제 시험에서는 다 맞아버리는 것이다.

6. 자신감을 가질 때까지 공부하라

공부를 해도 자신감이 생기지 않는다면 당신이 공부를 완벽하게 하지 않았다는 것을 의미할 수도 있다. 물론 공부를 완벽하게 해도 100% 다 맞을 수 있는 것은 아니지만 최소한 내가 공부한 것에 대해서 자신감은 가진 상태여야 한다. 자신이 없는 상태인데 과연 좋은 성적을 받을 수 있을까? 아니다. 이 자신감은 겸손함을 가지라는 것과는 별개의 이야기다. 공부는 새로운 지식을 쌓아가는 과정이므로 늘 겸손한 자세로 배워야 하지만, 배운 것에 대해서는 자신감을 가질 때까지 공부해야 한다. 이것이 바로 100점에 가까워지는 방법이다.

7. 작은 차이를 모아 큰 격차를 만들어라

공부에 있어서 더 높은 성적을 받기 위해서는 결국 남들보다 한 문제 더 맞아야 한다. 그러기 위해서는 남들보다 공부를 5분 일찍 시작하고, 5분 늦게 끝내는 습관이 필요하다. 하루에 10분씩 남들보다 더 공부한다면 그 작은 차이가 모여 성적의 차이가 나게 될 것이다. 그러면 우리는 안정적으로 높은 등수를 차지할 수 있게 된다. 공부에서 충분함은 없다. 더 많이 공부할수록 더 좋은 성적이 따라온다. 격차를 벌리기 위해 하루하루 작은 차이를 쌓아가자.

우선 《의대생 공부법》에 이어 이 책을 집필할 수 있도록 도와준 알 에이치코리아(RHK) 출판사의 편집자님께 감사의 말씀을 전한다. 또 한 바쁜 와중에도 추천사를 써주신 정신건강의학과 전문의이자 방송인으로 활동하고 있는 구독자 45만 유튜브 〈양브로의 정신세계〉의 양재웅 선생님, '샌드박스 네트워크' 공동창업자이자 235만 유튜브 〈도티 TV〉의 나희선 대표님, '힐링페이퍼(강남언니)' 공동창업자이자 '사적인 아름다움 지유의원' 대표원장 박기범 대표님, 그리고 SBS 스페셜 〈혼공시대〉와 MBN 〈혼공 조남호의 입시코드〉를 제작하신 남예원 작가님께도 감사의 말씀을 드린다.

지금의 〈의대생 TV〉가 있기까지 함께 노력해준 멤버들-1기 : 경희대 의대 박소리 님, 충남대 의대 진세령 님, 한양대 의대 장지호 님(닥터나우 대표), 충북대 의대 최형준 님, 인제대 의대 정준식 님, 순천향대 의대 조해인 님, 뉴질랜드 오타고 의대 송지현 님, 충북대 의대 정태균 님, 2기 : 순천향대 의대 조은정 님, 가천대 의대 이승현 님, 순천향대 의대 전혜림 님, 중앙대 의대 박진우 님, 가톨릭대 의대 함

경우님, 3기 : 동국대 의대 최용수 님, 가톨릭대 관동 의대 이은빈 님, 인제대 의대 김성준 님, 4기 : 연세대 원주 의대 최지석 님, 을지대 의대 박수진 님, 고신대 의대 김민건 님, 5기 : 중앙대 의대 민혜원 님, 원광대 치대 서준호 님, 덕성여대 약대 이유진 님, 대구대 가톨릭대 약대 정유나 님, 편집자 : 지민구 님, 김재표 님, 김아원 님, 백준호 님, 강수빈 님, 이희재 님께도 감사의 말을 전한다.

 지금의 나와 〈의대생 TV〉가 있기까지 여러 방면으로 도와주신 '넛지헬스케어(캐시워크)'의 나승균 대표님, '힐링페이퍼(강남언니)'의 홍승일 대표님, 신촌 세브란스병원 영상의학과 전문의 심용식 선생님, '메디스태프'의 기동훈 대표님, '닥터프렌즈'의 오진승 선생님과 이낙준 선생님, 그리고 우창윤 선생님, 서울대학교 비뇨의학과 전문의 안치현 선생님, '사진 찍는 간호사' 서울대병원 응급실 간호사 이강용 선생님, SBS 기상캐스터 전소영 님, '엔픽셀'의 김성준 CEO 오피스 팀장님, '사적인 아름다움 지유의원'의 최준호 총괄 원장님과 신혜인 수석 원장님, '스타벤처스'의 문지은 대표님, '프록시헬스케어'의 김영욱 대표님, '연세봄정신건강의학과의원'의 박종석 원장님, '메디칼타임즈'의 박상준 본부장님, '메디게이트'의 임솔 기자님, '데일리메디'의 이슬비 기자님, '퍼시픽북스'의 김진식 상무님과 강종찬 부장님, '도도출판사'의 홍진희 과장님과 강보람 차장님, '서울아산병원' 가정의학과 선우성 교수님과 이서현 선생님, 정형외과 이호

승 교수님, 성형외과 홍준표 교수님, '에프엠가정의학과'의 전승엽 선생님, '메이퓨어 피부과의원'의 이석호 원장님, '여의도 공작학원'의 최선영 선생님과 김현진 선생님, '여의도고등학교'의 배미정 선생님, 페이스북 '의학과, 의예과 대나무숲' 관리자님들께 감사의 말씀을 드린다.

무엇보다 〈의대생 TV〉를 봐주며 따뜻한 댓글을 달아주는 구독자님들에게 감사하다. 더불어 '의사소통호' 매니저 김성희 님, 김민아 님, 홍수지 님을 비롯한 모든 멤버 분들에게 따뜻한 위로와 관심에 늘 감사하다.

마지막으로 나에게 힘이 되는 격려와 응원을 해준 여의도 친구들과 선후배들, 울산의대 동기들과 선후배들, 서울아산병원 동기들과 선생님들, 사적인 아름다움 지유의원 원장님들, 나의 정신적 버팀목이 되어준 전국의 여러 의대생 동료들, 언제나 나와 함께해주는 심대현, 조대형, 최형준, 장지호 그리고 나를 믿어준 가족 박재환, 김순심, 박종출, 김재심, 박아미, 박세연에게도 고마운 마음을 전한다.

공부를 대하는 태도가
인생을 바꾼다

1판 1쇄 인쇄 2022년 11월 10일
1판 1쇄 발행 2022년 11월 22일

지은이 박동호

발행인 양원석 **편집장** 정효진 **책임편집** 한지연
디자인 희림 **영업마케팅** 양정길, 정다은, 윤송, 김지현, 박윤하

펴낸 곳 ㈜알에이치코리아
주소 서울시 금천구 가산디지털2로 53, 20층(가산동, 한라시그마밸리)
편집문의 02-6443-8859 **도서문의** 02-6443-8800
홈페이지 http://rhk.co.kr
등록 2004년 1월 15일 제2-3726호

ISBN 978-89-255-7733-3 (03190)